零售无界

新零售革命的未来

[加拿大] 道格·斯蒂芬斯（Doug Stephens） 著
石盼盼 译

REENGINEERING RETAIL

The Future of Selling in a Post-Digital World

中国人民大学出版社
·北京·

图书在版编目（CIP）数据

零售无界：新零售革命的未来 /（加拿大）道格 · 斯蒂芬斯（Doug Stephens）著；石盼盼译 . -- 北京：中国人民大学出版社，2018.5

书名原文：Reengineering Retail: The Future of Selling in a Post-Digital World

ISBN 978-7-300-25401-2

Ⅰ . ①零… Ⅱ . ①道… ②石… Ⅲ . ①零售业—商业经营 Ⅳ . ① F713.32

中国版本图书馆 CIP 数据核字（2018）第 006317 号

零售无界：新零售革命的未来

［加拿大］道格 · 斯蒂芬斯　著

石盼盼　译

Lingshou Wujie : Xinlingshou Geming de Weilai

出版发行	中国人民大学出版社		
社　　址	北京中关村大街 31 号	**邮政编码**	100080
电　　话	010-62511242（总编室）		010-62511770（质管部）
	010-82501766（邮购部）		010-62514148（门市部）
	010-62515195（发行公司）		010-62515275（盗版举报）
网　　址	http：//www.crup.com.cn		
	http：//www.ttrnet.com（人大教研网）		
经　　销	新华书店		
印　　刷	北京中印联印务有限公司		
规　　格	170mm×230mm　16 开本	**版　次**	2018 年 5 月第 1 版
印　　张	14　插页 1	**印　次**	2018 年 5 月第 1 次印刷
字　　数	170 000	**定　价**	59.00 元

阅读成就思想……

Read to Achieve

本书赞誉

道格·斯蒂芬斯为实体零售商敲响了警钟。不听取他的建议，只能自负后果。对于那些应对实体零售业巨变的人而言，《零售无界》是一本极其有用的生存指南。

马克·托罗（Mark Toro），北美房地产－亚特兰大公司创始人和管理合伙人

颠覆正出现在所有的行业中。零售业感受到了它的冲击。在一键点击和右滑的世界里，软件正吞噬着零售。零售商们讨论着全渠道和顾客中心性，但大环境不太乐观。在《零售无界》一书中，作者、大思想家道格·斯蒂芬斯阐明了零售商身处这个环境中需要想和做的事。如果你卖东西，那就一定要读一读这本书。

米奇·乔尔（Mitch Joel），数字营销公司 Mirum 总裁

十年前，走进一家酷炫的时装店去看 DJ 打碟是很新潮的事。今天，这可能是商店仅能用来维持经营的事。坚持到底的品牌和零售商竭尽全力将购物变成一种借助科技来实现的丰富的、逼真的体验。《零售无界》一书阐述了如何才能在这个新的零售世界中独占鳌头。

哈雷·芬克尔斯坦（Harley Finkelstein），Shopify 公司首席运营官

道格·斯蒂芬斯生动地描绘了零售业内正在发生的巨大颠覆和重塑。《零售无界》一书提供了宝贵的洞见，作者分析了实体和数字零售世界会如何结合起来创造出我们现在只能想象的客户体验。这本书为零售商中的技术落伍者敲响了警钟。

拉梅什·文卡特（Ramesh Venkat），圣玛丽大学大卫·索比零售创新中心主任

道格·斯蒂芬斯的最新著作《零售无界》聚焦新型零售生态系统，这个系统靠的是创新，也就是重新定义顾客体验、真实性、价值、刺激和实验。《零售无界》要求我们不要以为颠覆仅仅是指一种零售形式胜过另一种——这本书促使我们理解个性化和顾客参与的力量，这是新型零售世界的命脉。

丹尼·布里瑟布瓦（Diane J. Brisebois），加拿大零售协会主席兼 CEO

推荐序一

傅强　智囊机构董事长

应人大出版社编辑之邀，为新书《零售无界》写一篇推荐序。老实说，刚接到这个邀请时，我颇有些顾虑，因为就在一个多月前，我刚为另一本类似新书写过书评。因此，我向出版社的朋友提出，容我认真拜读一下书稿之后，再决定是否应下此事。

《零售无界》是加拿大零售界专家道格·斯蒂芬斯先生的新著，由于他在零售领域的建树，被人称为“零售先知”。《零售无界》也是他聚焦新型零售生态系统的又一次深度洞察，他认为这个新零售生态系统的构建需要不断地创新，也就是重新定义客户体验、价值、真实性、刺激以及实践。《零售无界》提醒我们必须深刻地理解个性化和客户参与的力量，这是新型零售的命脉。至于传统“门店”的概念，势必会被改写，“媒体即门店”“门店即媒体”，未来购物空间的打造将源于觉醒的生产商而非传统的零售商。

以上观点与沃顿商学院市场营销学教授大卫·贝尔（David Bell）的并不相左，二者互为佐证和补充。他们所说的此“门店”非彼“门店”，其目标都是如何打通线上线下、如何跨界融合创新、如何创造未来新零售时代。

传统的“门店”仅仅是一个卖场，比如说我进一家商店买东西，在现场和销售人员交流获取信息，并且现场付款，完成交易，出门了事……我们都知道，这类“门店”已经大量消失了，原因只有一个——线上零售！这也是作者所说的“一键点击的世界”成了传统零售的“终结者”。而已经逝去的旧“门店”恰恰为正在开启的新“门店”打开了一扇新的大门，客户需要新的购物体验！

老实说，我对马云们所谈的“新零售”，尤其是把传统“门店”里加个“无人售卖”便称之为“新零售”的做法持保留看法。但我确信，未来的零售业将是虚拟与现实的完美整合，“O2O”模式将是未来新零售时代的新模式，这种模式能够为顾客打造全新的消费场景，提供完美的个性化体验。新“门店”里的核心元素依然是消费者的体验，而不是线上和线下结合的“卖场”，未来的购物空间绝不仅仅是“传统门店”的改造，也不仅仅是“虚拟门店”的独占，应该还有包括“移动门店（空间）”在内的多种体验与场景的融合。其中，零售中的人性因素更为重要，而不是“流量”和“结算”。人们在购物的体验中，所需要以及所关注的不仅仅是“价格”“拥有”，还有“品质”和“分享”。这便是新“门店”需要格外关注客户个性化和客户参与的价值所在，也就是作者在书中特别强调的“媒体即门店”“门店即媒体”的关键所在。

总之，零售业未来在于不断地创新，而且参与这些创新的机构远非零售业自身，来自技术方以及生产方的推动力不容小觑，这将是一个跨界和协作创新的组合。科技的发展以及对消费者内心需求的洞察，行业边界的打破会让创新更有活力！

推荐序二

王玮冰（妮可） 零售氪星球创始人

未来，零售门店到底会变成什么样

当电商巨头把战火杀到线下，实体购物空间的价值和力量会被加速重估。未来线下门店到底会变成什么样？用什么思路顺利转型以适应未来，这是在如今激荡变革的零售世界里，所有急于转型的零售商、品牌商最焦虑的问题。当然，这也是电商巨头们在不断探索的问题。

实体购物空间——最重要的连接用户的地方

消费升级和数字化趋势下，零售商们纷纷从“产品导向型”的销售策略转向“场景导向型”的新型零售策略。从“货、场、人”到“人、货、场”，围绕着“人”，实体购物空间的作用也在重构的零售价值链里展现新的形式。

其中，相对传统零售店强调“销售转化率”而言，新零售注重用独特的内容场景提供深层消费者体验，从而使与消费者有效连接的店面新消费体验设计比以往更加重要。

一个典型案例是，全球最大的咖啡连锁店星巴克就在一直不断地革新和升级门店形式。他们深知，星巴克发展的核心不仅仅在于高质量的咖啡饮品——这与同行没什么差别，还在于，星巴克比其他咖啡店更关注品牌与消费者的连接。所以，从 1971 年创立到现在，从最普通的门店升级到现在的第五代店——烘焙工坊。2017 年 12 月，星巴克在上海精心建立的全球第二家，也是最大的烘焙工坊店就取得了巨大的成功，这从开业起店内就熙熙攘攘、充满惊叹的消费者眼睛里，从社交媒体对此的广泛讨论中就可以看到。

显然，随着消费者的需求变化，星巴克也在不断地创新变革，从而吸引消费者对品牌产生持续的热爱和黏性。

正如本书所言，“未来的零售商一定会采取合适的方式将零售空间内的购物体验更好地与这些体验促成的购买行为连接起来。简单来说，未来购物空间的作用不是把购物者转化为买家，而是把购物者变成该品牌的终生狂热信徒和拥护者。”

门店如何用好技术

什么是新零售？阿里巴巴的定义是“以消费者体验为中心的数据驱动的泛零售形态”。所谓数据驱动，正是电商巨头们的优势，通过大规模的技术升级，可以给线下零售带来更低的成本、更高的效率和更好的体验。

无可厚非，用技术可以实现线下门店，包括人效、坪效、供应链效率的极大提升。但在前端的消费者上，如何应用技术来改善他们在门店场景下的体验，可能需要更多内容的思量和设计。

比如，亚马逊推出无人店 Amazon Go，其设计初衷就是改善支付体验，门店技术很高大上，但消费者在现场几乎看不到什么技术，就像去了一个普通的食杂店。但“即拿即走，免排队”的超前购物感觉却让所有人惊叹，技术只是实现这个体验的幕后英雄。

现在很多人去日本考察，探寻日本发达的零售业的奥秘。但其实，很多日本的线下零售店并没有炫酷的技术，其令人难忘的产品和服务细节才是让人流连忘返的原因。

对于大多数消费者，他们不需要赤裸裸的数字体验。线下零售店最该有的，就是设计出独特、难忘、有价值的体验——其中一些可能是由数字技术来支持或驱动的。

所以，对于很多线下门店来说，寄望于数字技术的改造就能实现转型？没那么简单，回归商业本质，花功夫创造精彩体验和商品才是正经事儿。

那未来的实体购物空间会变成什么样？随着线上线下所有的角落持续进化成可购物的“门店”，那现在的实体门店就可能演变成零售商或品牌可拥有的最强大、及时、可测的媒体，空间设计、商品、流程和服务都将成为一种媒体化、广告化的展现。

如果说，有关实体购物空间的价值，美国营销教授大卫·贝尔强调线下门店在后电商时代的重要价值和意义，那么零售专家道格·斯蒂芬斯则是基于详细的访谈和严谨调研，绘制了一幅未来零售的奇幻画卷。

书中有理论和实践，有现在的做法，也有对未来的展望。现实和未来参差交错，虽然看起来眼花缭乱，但仔细看，会发现书中充满务实的思考路径和让人颇受启发的灵光。

推荐序三

颜艳春　盛景合伙人、《第三次零售革命》的作者

每当光亮渐熄，黑暗在大地撒欢。俯瞰整个人类的消费宇宙，数字化浪潮袭来，传统的商业帝国逐渐让位于网络。全渠道，O2O，只是一种热烈的触动，线上线下像邂逅了生死，传统的门店正在大量消失，而电商也成为旧零售。

门店还是卖货的地方吗？零售机器人和 AI 算法会替代千千万万的零售店员吗？如何理解门店即媒体，媒体即门店？体验式零售商如何摆脱坪效的枷锁，为消费者打造非凡的体验？为什么每天至少还有 100 万名兴奋的购物者到访苹果零售店？ Costco 反复使用了什么策略来提升 9000 万超级会员的多巴胺分泌量？为什么 STORY 坪效差不多是梅西百货的 12 倍？如何将泰勒的 10 倍准则运用到客户体验中呢？

零售未来学家道格·斯蒂芬斯先生挑战了零售的现状和行规，帮助我们揭开了零售业未来的谜团，他在《零售无界》中的洞察正是新零售那一抹破晓的曙光："零售并没有死。绝对没有。它只是在蜕皮。"

推荐序四

B. 约瑟夫·派恩（B.Joseph Pine Ⅱ）
美国战略地平线顾问公司（Strategic Horizons LLP）的联合创始人
《体验经济》和《无限可能性：在数字化前沿创造顾客价值》的合著者

有两股强大的力量奔涌着流过经济的版图。

一是货物和服务的商品化。这是由于人们日益希望能够以最便捷的方式、最低廉的价格买到货物和服务。网购平台的兴起推动了这股力量的发展。人们马上就能比较出不同商家给出的价格。这会把价格压到最低。要不就干脆不要比价——直接去亚马逊，那里肯定有优惠价（就算不是最低价），甚至还更加方便：一键下单，砰，搞定，买的东西正送往家里！

二是大力转向体验经济（Experience Economy）。光有货物和服务已经不够了，人们日益渴望体验——以令人难忘的、具有个性化的活动吸引住每个人。我们在经济结构中看到了这种根本性转变，看到了主题公园、主题餐厅和精品酒店成为了一种潮流，当然体验型零售也兴盛起来：咖啡馆、快闪店、样品间、攀岩墙、瑜伽馆以及其他数不清的体验把顾客吸引到了零售店里。更没想到的是这些创意大多源自生产商而不是零售商！

当然，这两股力量交织在一起。顾客希望货物和服务实现商品化，这样他们就能把来之不易的钱和更加难得的时间花在更为珍视的体验上。

零售专家道格·斯蒂芬斯指出了零售业在这些力量面前的抉择：打造创意体验或实现商品化。道格罗列出了当下的做法与将来的可能，你可以按照他的路线图来决定未来的商店（对你而言）应该长什么样。他的一些观点深得我心。

道格说中了一点，那就是我们要知道“门店即媒体”，或者用我自己的话来说，体验即营销。创造零售产品需求的最佳方法是通过体验来吸引顾客，让他们忍不住要逛你们的店、要关注你们，最后买你们的产品。

道格认为非凡的体验应该是吸引人的、独特的、个性化的、出人意料的和可重复的。这个定义很妙。如何才能设计和呈现符合这五个形容词的门店体验呢？不妨读一读这本书来找出办法。

第三个形容词“个性化的”尤为重要，因为道格指出，特别是由于3D打印的兴起，大规模定制产品可能出现在零售场所里面（和外面）。即使这一数字技术与你们公司无关，你也要意识到体验本来就是个性化的。这些体验实际上是人们对你提供的活动和场所做出反应时的内在感受。因此，你提供的体验和产品越个性化，就越能吸引人，越令人难忘。

最棒的是，道格会为你打气，让你不再害怕各种各样经常让顾客不去实体店的数字技术，而且他还会试图教你利用那些技术来提升店内体验。一旦明白了现实一直会提供最丰富的体验，而且那些让你混淆现实与虚幻的技术能够提高体验的丰富度，你就不需要再畏惧网购了。

让《零售无界》带你闯荡如今日益动荡的零售世界吧，因为你又要做出选择：是提供零售体验，还是实现商品化。

Contents 目录

第一部分

零售已死

第二部分

媒体即门店

第三部分

门店即媒体

第四部分

再造零售

第一部分

零售已死

1

软件吞噬零售业

“软件正在吞噬零售业。”这是技术投资家马克·安德森（Marc Andreessen）在2013年1月的一次采访中为零售业写的苍凉碑文。安德森是网景浏览器（Netspace）的联合创始人，也是硅谷极有影响力的投资专家，拥有大型风投公司安德森–霍洛维茨一半的股份。他的公司投资了一大批互联网技术公司，包括Facebook、爱彼迎（Airbnb）、Twitter和Pinterest。他也是Facebook和惠普公司的董事会成员，数十年来一直是技术从业者、改革者、投资家和顾问。他预测互联网的未来，并且在自己的猜想上下大赌注。此外，他以惊人的敏锐著称。因此，当他清清嗓子要发言的时候，人们就会端坐着倾听，希望能够瞥一眼他那神准的水晶球。

他毫不拐弯抹角，直接总结行业前景：“零售小伙伴们就要破产了，电子商务会成为所有人购物的地方……如果出现可行的替代品，那么零售连锁店从根本上看就是个站不住脚的经济结构。你把房地产的固定成本和库存总值相加，就使得每个零售商处于很高的杠杆水平。在收益下降20%~30%的情况下，绝少有人能存活。根本没有必要把所有产品都摆在货架上。通常还有更好的模式。”

在争论热潮爆发之前，这个采访在 Twitter 上没什么热度。后来行业分析员、专家，甚至是零售主管们都开始互相炮轰。

有些人认为安德森的言论纯粹是扯淡，完全就是个代表自家技术公司谋求既得利益的投资家在大放厥词。他们指出，零售业根本不能没有安德森口中的那些“零售小伙伴”。他们斥责纯电商是个失败的商业模式，是源源不断的风投捧出来的，最终会因自重而崩塌。

其他人则有截然不同的看法。他们站在安德森这边，指出技术给其他行业造成的灾难性影响，例如传统旅游业——这个行业快被线上旅游产品糟蹋干净了。他们提到了百视达这类公司的没落。该企业原来占有录像带租赁市场近 30% 的份额，不过十年光景就被奈飞（Netflix）公司和视频点播灭掉了。他们呼吁现有的零售企业行动起来，因为这些企业已经跟不上周围的发展节奏了。

他们认为，在两百年多一点的时间里，我们见证了以下的技术创新变成了人们习以为常的东西：

- 灯泡；
- 电报；
- 电磁；
- 石油；
- 电话；
- 真空管；
- 半导体；
- 盘尼西林；
- 收音机；
- 电子；

- 量子物理学；
- 飞机；
- 电视；
- 晶体管；
- DNA 的发现；
- 集成电路；
- 互联网；
- 微处理器手机；
- 智能手机；
- 量子计算机。

技术进步及其对人类的影响大得惊人。多少人能想象得到，如果没有这些东西，世界会是什么样子？然而，面对这些东西，零售这一概念及其运作方式并没有改变多少。现在我们去商店、看产品、付钱的方式与两百年前基本一样。当然，现在我们不用马和马车去送货了，收银机上也没有铃铛了，但是零售商买进货品和卖货给顾客所采用的核心经济模式与 18 世纪中期的几乎一模一样。安德森阵营里的人有理由质疑，零售业怎么会与其他领域的发展如此脱节？

我决定用不那么激动的方式来参与讨论。毕竟这跟我没什么关系，而且我感觉双方的观点都是有对有错的。

一方面，现今的专家和分析员认为纯电商是"皇帝的新衣"，这听起来很奇怪，很像当年比尔·盖茨梦想有一天"电脑出现在每个家庭的每张桌子上"时出现的反对之声。他们是怀疑论者，以当时显而易见的情况作为例证：电脑极其复杂，而且昂贵。然而，与历史上大多数老唱反调的人一样，他们也深陷狭隘观点不可自拔，忽视了创意的联合性与发展性。电脑的成本当然已经急剧下降，而且现在连刚学走路的孩子不用教也会用——盖茨显然预料到了，但批评他的人完全不懂。

同样短视的还有百视达的前领导人约翰·安蒂奥克（John Antioco）。他在2000年说奈飞注定只有一个“非常小的小众业务”。当然，那个时候他说得对。奈飞当时是规模较小的录像带邮购企业，市场份额不足10%。但安蒂奥克没有注意到，流媒体娱乐的巨大发展潜力会让奈飞从小消遣变成大颠覆。看到亚马逊现今的季度报告就说纯电商无以为继，这种观点是短视或近视的。

另一方面，如果说未来没有实体零售就是在否认购物行为的人为要素，那么这些人就是认为购物毫无生气，纯粹就是为了获取产品。而且，“电子商务会成为所有人购物的渠道”这一言论听起来很怪，就像20年前分析员对于大卖场零售所做的预测一样，当时他们认为大卖场零售是无人能挡的商业模式。如今，大卖场零售崩溃了。难道现在的在线零售企业就不会有相似的命运吗？

那么真相究竟如何？除了双方的夸张语句和二元预测，零售业还会走向哪里？未来的“商店”到底长什么样？零售商如何适应未来、挺过难关？

这是我想了解的事情。

我已经觉察到，未来的情况比我们想象的要惊奇得多。我们购物的方式、地点、时间，甚至是原因都将完全改变。无论线上还是线下，零售业现在濒临绝境，要经历历史性的革新。之后，与如今的购物方式相比，数字零售和实体零售会变得几不可辨。即使是让零售企业赚到钱的百年老方法（核心经济模式）也会变得面目全非，然后，商店是什么、做什么等统统都会被改写。

马克·安德森在那个一月份所说的话是对的。零售业确实会崩溃，但会在灰烬里诞生出一个焕然一新的、令人惊艳的行业。

2

零售巨子之争

本顿维尔（Bentonville）是美国东南部的一个古朴小镇，位于阿肯色州。不来拜访此地就很难全面认识沃尔玛公司。2015 年，我去那里做演讲，给公司高管讲零售业的未来。

本顿维尔也可以叫作沃尔玛镇，老实讲，要不是由于沃尔玛公司，人们不一定能在地图上找到这个镇子。镇上的酒店、商店、餐馆和租车服务主要是为沃尔玛公司服务的，源源不断的商务人士应该公司的邀请往来此间。甚至在当初的沃尔顿 5&10 商店（Walton's 5&10）里还有个沃尔玛博物馆。里面的照片和纪念展品记录了沃尔玛的发展历史，就像超现实的时光漫步。那里陈列着 20 世纪 60 年代的产品原物，还完整复制了山姆·沃尔顿（Sam Walton）原来的办公室，连他桌子上的记事本都在。可以想见，不久之前的某个时候，为了彰显沃尔玛的统治地位才建起了这座博物馆。2015 年我来这里参观，所见所闻让人挺难过的。这里就像个妥帖珍藏的奖杯柜，它的主人曾是高中运动员，如今巅峰不再却仍渴望重温光辉岁月。

那是怎样一段光辉岁月？自 1962 年到 2010 年，沃尔玛在全美开的连锁店高达 4393 个，其中有 3000 多个是在 1990 年后开的。沃尔玛在国内外的发展是

阿肯色州本顿维尔的沃尔玛博物馆。

前所未见的。创始人山姆·沃尔顿领导力超群。在他的掌管下，沃尔玛成了全世界最大、最强的零售商，并因此重塑了整个零售行业。在它的巅峰时期，可能你遇到的每个人都是为沃尔玛公司工作、供货或与之竞争的。仿佛沃尔玛就是零售业。

然而，成功也能变成自己最大的敌人。到了 21 世纪第一个十年末期，很显然，沃尔玛往昔荣光的象征大多成了对其成功构成威胁的因素。沃尔玛庞大的大卖场体系好像与愈发审慎的消费新时代不协调。沃尔玛的劳工行为曾大受欢迎，如今却受到宣传组织和工会的持续审查。沃尔玛对国内货源的承诺受到质疑，而且普遍认为沃尔玛的店内体验还有很大的提升空间。所有这些都重创了沃尔玛的销售业绩，把销售额压得异常地低。

此外，沃尔玛之前占据着低价市场，但现在有一批新的竞争者横插一脚，其中包括一元店和特价名牌折扣商场。其实，在 2007 年，沃尔玛把万年不变的品牌标语“永远低价”改成了“帮助顾客节省开支，使他们生活得更好”，貌似是在公开回应这个新市场。

然而，一年之后，沃尔玛核心顾客的生活并没有变得更加美好。实际上，在史上最严重的那场经济衰退中，他们属于受打击最大的人，继而开始冒险去寻找最优惠价。最优惠价在沃尔玛越来越难看到了。

同时，另一个弱点也凸显出来。沃尔玛基本上忽视了整个数字零售活动。虽然沃尔玛在 20 世纪 90 年代末期尝试过在线销售，但很多提升业务水平的工作都被叫停，因为要去支持实体店生意的发展。然而，到了 21 世纪第一个十年末期，顾客成群转向网购的趋势越来越明显，而沃尔玛却没有跟他们一起转。

2012 年，沃尔玛的收益是亚马逊的 16 倍，更加容易把电子零售商视为无利可图的小祸害而不予理会。但是仅仅 4 年后，16 倍锐减为 5 倍，而且亚马逊在急速缩小差距。此外，根据《时代》杂志的数据，2015 年亚马逊平均每名员工创利 623 000 美元，是沃尔玛的 3 倍。

在 2015 年，还发生了一件事情。如果是 10 年前出现这件事，会令人难以置信。那就是沃尔玛首次遭遇销量下滑——至少是自 45 年前该公司上市以来的首次。对很多公司来说，这样的损失并不意味着什么危机，但对沃尔玛而言则是大劫难。这样一家传奇公司，就在十年前还能把竞争者吓出冷汗，但现在却被逼到角落，承受着各方的攻击。这样一家零售企业 50 年来都在持续打破纪录，但现在似乎要被打得破产了。

最大的苦果也是在同年晚些时候吞下的。那时候亚马逊已遥遥领先，把沃尔玛从全世界最有价值零售商的位置上挤下去了。亚马逊的市值已经超过 2500 亿美元大关，比沃尔玛多 200 亿美元。短短二十年间，杰夫 • 贝索斯创立的这家公司比山姆·沃尔顿及其继承人花了 50 多年时间建造的企业更有价值，至少理论上是这样的。

虽然沃尔玛指责亚马逊进行掠夺性定价，但显然沃尔玛疲软的根源不在于价格，而在于选择。2015 年，沃尔玛官网上有 1100 万件产品在售，只是亚马逊官网（2.6 亿件）的 4%。沃尔玛，这个曾以卖场面积傲视同行的零售商，如今却显得很渺小。

除了伤害，还有侮辱。亚马逊是在一个神圣不可侵犯的领域吊打了沃尔玛。客户服务是传统零售商眼中的独享领域。亚马逊的客户满意度调查经常排在行业首位，一直碾压沃尔玛和其他实体零售商。

去沃尔玛购物

这些重压没有把沃尔玛压垮。其实，早在 2012 年，该公司就已经开始拼命想赶上在线零售商了。那一年，沃尔玛进行了一项决定性投资，用 3 亿美元收购了美国科技公司 Kosmix。这一举措的重点可能不在于占有 Kosmix，而在于收编该公司的创始人温基·哈里纳瑞扬（Venky Harinarayan）和阿南德·拉贾拉曼（Anand Rajaraman）。说来也巧，10 多年前，正是这两个人帮亚马逊创建了比价引擎。这项技术后来成了亚马逊透明定价的象征，也为在线零售业设立了一个新的操作标准。亚马逊 CEO 杰夫·贝索斯最终以 2.5 亿美元的价格买下他们的荣立公司（Junglee）。12 年后，哈里纳瑞扬和拉贾拉曼成为沃尔玛团队的关键性人物，帮其收复失地，而这块地正是两人当初为亚马逊从沃尔玛手里赢来的。我们也就只能猜想一下，贝索斯看到此情此景会做何感想。

但是，据各方所说，Kosmix 团队了解沃尔玛的情况后感到任务艰巨。那些与该项目关系密切的人说，公司内现成的解决方案、支离破碎的系统和老旧过时的平台乱作一团。第二年，Kosmix（后来改名为 @WalmartLabs）开始一心一意地彻底检修这艘零售战舰。

最初看起来有效果了。在 2013 年的第四个季度，沃尔玛宣布自家的电子商务销售额提升了 30%。但可惜那些最初的成果在随后几年里慢慢蒸发掉了。沃尔玛 2016 年第一季度的收益报告显示，其电子商务业务仅提升了 7%，这意味着沃尔玛不仅赶不上亚马逊的电子商务发展速度，也赶不上整个行业的速度。

2016 年，沃尔玛 CEO 董明伦（Doug McMillon）希望股东能适应利润下降这一情况，因为公司要花 20 亿美元投资未来科技，这表明了沃尔玛对于发展数字业务的认真态度。华尔街严惩了沃尔玛，使其股价遭遇了 17 年来最大降幅。这凸显出一种怪异的不公正现象：亚马逊烧钱投资未来就叫作有眼光，而沃尔玛这样做则叫作灾难。

沃尔玛没有灰心，在 2016 年 6 月与中国第二大 B2C 电商企业京东结盟。这是又一项进军中国新兴市场的举措。早先就验证过，进军中国对于沃尔玛来说并不简单。与京东的合作旨在利用沃尔玛的专项基金以小博大，同时汲取京东深厚的文化和市场知识。这场交易只是为接下来的举措预热。

2016 年 8 月 8 日，沃尔玛宣布发起初创企业领域有史以来单笔金额最大的一项收购，想要用 30 亿美元收购 Jet.com。这是一家成立了一年、总部位于美国的电子商务公司。Jet 的创始人是马克·洛尔（Mark Lore），他之前创办了另一家初创公司 Quidsi，于 2010 年被亚马逊收购。2013 年，洛尔离开亚马逊，接着根据一个简单的操作理论建立起 Jet。洛尔相信，Jet 配置了先进的分析技术后会比亚马逊更值钱，而且这样一来就能持续占据市场第二位——沃尔玛显然认同这一理论。Jet 不仅带来了独特的定价模式、提供更好的在线产品选择，而且还带来了洛尔。他同意继续执掌 Jet。

但我认为，收购 Jet 似乎是要解决沃尔玛在电商发展上极为深刻和重要的一个难题：它自己的顾客。一般来讲，沃尔玛的顾客群与意图明确的力量型网购者并不一致。一位分析员指出："它的核心顾客并不是那些最热衷上网或技术娴熟的购物者。"说来讽刺，这些顾客曾为沃尔玛铺好史无前例的道路，使之通向零售统治地位，也正是他们成了沃尔玛一个致命的大威胁。如果没有那些更年轻、更都市化、收入更高、擅长网购的顾客，那沃尔玛就不太可能扭转命运。Jet.com 正是聚焦这类顾客群体，有可能为沃尔玛注入急需的年轻顾客。Jet.com 究竟是沃尔玛急需的解药，还是价值 30 亿美元的无用之物，还没有定论。此外，沃尔玛队伍里的亚马逊前雇员越来越多，这让人不禁怀疑，沃尔玛的策略是否就是成为亚马逊呢？

如果认为这只是亚马逊和沃尔玛之间的争斗，那就会产生误导。几乎所有北美和欧洲的大型零售商都感受得到亚马逊的影响。比如说，在美国，如今亚马逊在电商市场占据的份额大于沃尔玛、苹果、梅西百货、家得宝、百思买、好市多、诺德斯特龙、盖普公司、塔吉特、威廉姆斯-索诺玛、柯尔百货公司和西尔斯控股公司的总和！

当年沃尔玛之于零售，正如现在亚马逊之于电商。

同行竞争者一直低估了亚马逊的致命威胁，这让亚马逊变得更为致命。

3
了解你的敌人

2016年3月，梅西百货CEO泰瑞·伦德格伦（Terry Lundgren）在一个投资者会议上说道，虽然亚马逊可能会给服装销售造成威胁，但亚马逊或许还没有准备好如何应对在线服装销售的物流难题。“它们开始收到那些在线退货单的时候就会知道这是个有趣的挑战。”他对投资者如此说道，并用梅西百货处理在线退货方面的经验来证实他的观点。伦德格伦的这番话旨在回应近期刊发的一份研究报告。该报告预测，亚马逊可能会在2017年之前超越梅西百货而成为美国第一大服装销售商。

在伦德格伦说这番话的时候，亚马逊在关注别的东西。原来是亚马逊CEO杰夫·贝索斯在召开一个隐秘的会议，非请莫进，会上探讨的是机器人技术、人工智能和太空探索，与会者是各领域的世界级权威专家。虽然会上讨论的内容基本无从知晓，但很肯定，那些与会者并不是在研究如何清掉上一季的女装库存。最能跟时装扯上边的内容也不过是贝索斯到场开会时穿了件机器人服装！

因此，伦德格伦在仔细思考库存管理和店铺运营的门道时，贝索斯在讨论太空飞行、半机械人和智能计算的商业化。亚马逊高层与其行业竞争对手之间的这一鲜明对比清楚说明，为什么用传统的零售学来对付亚马逊往往会徒劳无功。贝索斯曾说“发明创造需要长时间忍受误解”，而且亚马逊的竞争对手好像总是会误解它。亚马逊的想法和行为根本不像一个零售商的表现——分析师和投资者对此褒贬不一。

一位投资者曾抱怨亚马逊历史性的低盈利率。其实，亚马逊公司最赚钱的部门并不是零售业务，而是规模小得多的亚马逊网络服务。这个部门最初是满足亚马逊内部需求的一个计算平台，但后来发展成供其他组织使用的一种外包数据存储和管理服务。使用者中不乏一些大公司，如奈飞、爱彼迎和美国国家航空航天局（NASA）。从盈利率的角度看，亚马逊网络服务这项业务做得比预期的更好。实际上，虽然这个部门的销售额不到亚马逊营业总收的 9%，但是亚马逊公司的营业总利润中足足有 56% 是来自亚马逊网络服务。

虽然股东时而因零售业务上的利润率问题施加压力，但贝索斯像电影特技师霍迪尼（Houdini）一样能力超群，总能逃脱华尔街的束缚。每当市场作势要将亚马逊盘出局时，亚马逊就设法大幅提高销售额，让盈利率激增，或采取赢得顾客的妙招。即便如此，贝索斯也始终拒绝向该策略中的短视主义低头。在贝索斯看来，利润就是任他随时开启的水龙头。对于这一主张，股东们大致是满意的，也许是因为贝索斯在 1994 年创立的这家公司现在是年收入 1070 亿美元的巨头，为 3 亿全球客户提供服务，而且全年销售增长指标还在不断飙升。

比如说，2016 年第一季度，亚马逊的销售总额竟然提高了 28%。大部分零售业的 CEO 都愿意用身家性命来换取这个增长率。更不可思议的是，全美在线消费的每一块钱里，亚马逊就独得 60 美分！好好想想吧。这意味着在网上花费的每一块钱中有十分之六直接流向一家公司。要是这样还不能展现统治地位，那就看看这个例子：在北美零售市场上消费的每一块钱里，亚马逊拿走近四分之一，而让其他公司去争夺余下的部分。

Prime 会员数量

亚马逊的要害器官是 Prime 会员服务。这是个付费项目，注册会员缴纳 99 美元年费能够享受两日达免运费和大量其他的项目和服务。Prime 服务让亚马逊的竞争对手感到有些莫名其妙，因为它与大多数零售商常常推出的交易积分、信用额度和折扣项目不一样。Prime 不仅提供快运免邮服务，而且更重要的是，它就像开启整个亚马逊王国的一把金钥匙，让人得以享受数字内容和娱乐、媒体存储、自有品牌产品，还能先行体验新上架的电子书和不断增加的 Prime 特供产品。我经常说，Prime 就像引子毒品，会诱使人们像吸上海洛因那样黏上亚马逊。对亚马逊而言，最棒的莫过于毒品要付费，每年可以从会员的信用卡扣款，从而为亚马逊提供一条循环反复、不断扩展的收入来源。

事实说明，Prime 会员不仅是参与度更高的顾客，基本上也是更好的顾客。消费者情报研究伙伴公司在 2015 年发布的一份报告指出，亚马逊的非 Prime 会员顾客平均每年花费 625 美元，而 Prime 会员的平均花费竟然高达 1500 美元！此外，Prime 的续订率高得吓人。实际上，30 天免费试用会员结束后有近 75% 的人会续订一整年，续费两年的会员中有 96% 会续订第三年。难怪亚马逊每年都要努力吸纳 Prime 新会员。

其中一项举措是亚马逊 Prime 会员日。这个 24 小时的会员专属促销活动主打亚马逊的各式招牌产品，而且折扣力度比平时更大。2015 年，Prime 会员日首次启动，仅仅两年后就成为美国第四大网购节。2017 年的 Prime 会员日超越“黑色星期五”和“网络星期一”，成为亚马逊历史上销售额最高的购物节。

因此，与其说亚马逊 Prime 会员服务是一个顾客忠诚度项目，还不如说它是一个独特的产品和服务生态系统，靠着高级客户体验来支撑。而且亚马逊近 5400 万名会员就是其手中的战斧，让提供各种产品和服务的竞争对手望而生畏。似乎是想印证这一点，2016 年，亚马逊与现代汽车公司合作，把现代汽车直接运到想试驾的 Prime 会员家门口。虽然这个促销活动显然是个营销噱头，但亚马逊明确无误地表明，Prime 会员是有利可图的，因此其他品牌愿意花大价钱来争取这群人。

编织亚马逊网

其实，虽然亚马逊是全世界极为成功的在线商城，但它确实不是传统意义上的零售商——这一情况必定给其竞争对手带来更大的危险。亚马逊反而是把赌注压在了新的技术、商业模式以及产品和服务上。实际上，站在竞争立场上看，零售商还不如不要把亚马逊当成一个零售商，而是把它看作一家数据、技术和创新公司，而这家公司恰好也在卖东西。单看过去两年，亚马逊所推出的一系列产品、项目和平台都是传统“零售”公司不会去做的。其中包括：

- **亚马逊艺术**（Amazon Art）：专营限量版和原版艺术品的在线商场，产品由精选的画廊提供；
- **回声数字助理**（Echo Digital Assistant）：基于亚马逊的 Alexa 语音技术平台建立的人工智能界面；
- Flex：按需式包裹派送网络；
- **家政服务**（Home Services）：提供水管、电气和其他家政服务；
- Prime **音乐**（Prime Music）：流媒体音乐服务；
- Prime **配餐**（Prime Pantry）：收取固定费用的配送服务，专送家居用品和不易腐坏的杂货；
- Prime **视频**（Prime Video）：按需式视频服务；
- **微笑**（Smile）：慈善捐赠；
- **工作室**（Studios）：原创电视和电影内容制作；
- **时尚密码直播**（Style Code Live）：时尚购物秀直播，类似美国最大的电视购物公司 QVC；
- **供应**（Supply）：工业和科学零件；
- **视频直达**（Video Direct）：为视频内容创作者打造的网络，类似 YouTube；
- **无线**（Wireless）：移动电话和服务计划。

亚马逊像黑寡妇蜘蛛一样编织了一张创新之网，建立了一个黏性大、效果好的消费者价值生态系统。比如说，亚马逊以优质原创娱乐内容为诱饵，吸引更多的人成为 Prime 会员，因而提升了电商业务的销售额。贝索斯曾说："我们赢得金球奖的时候就会卖出更多的鞋子。前后联系非常直接。"

亚马逊诸多创新之举的魅力在于，类似亚马逊网络服务的情况，该公司不像大多数零售商那样只考虑短期的产品和服务。它考虑的是平台和网络。我的意思是说，亚马逊的所有创新之举都有盈余潜力，因此能够为封闭平台[①]外的业务提供服务。比如说，亚马逊打造的回声设备把应用程序界面开放给开发商，这样开发商就能把这项技术植入自己的产品中。同样，如果亚马逊能为自家的包裹建立一流的配送网络，没什么能阻止它将这项服务开放给其他公司。要是亚马逊的时尚密码直播火了，它也没理由不变成一个付费营销平台，专向亚马逊不卖的产品收费。也就是说，亚马逊引入市场的每个创新之举都变成那张价值之网的粘丝。那张网不仅为消费者而织，也是为其他企业而织。

① 原文为 walled garden，直译为"围墙花园"，是一种软件系统，能把用户限制在特定范围内，使其无法轻易截取未经允许的内容。——译者注

亚马逊能够在不同战略层面实现创新，因而它的下一步行动变得难以预测，让很多竞争对手沦为它的追随者。亚马逊在各项业务范围内进行诸多平行实验的能力也是前所未见的。此外，创新过程中对于失败所设的门槛非常高，亚马逊视之为荣誉勋章，贝索斯曾说“亚马逊是获得失败最好的地方”。对于贝索斯及其团队而言，如果冒失败之险意味着让竞争对手破产，那么他们十分乐意一试。

泰瑞·伦德格伦及其众多零售同行认为经营一家零售公司会遇到挣不开的束缚和避不开的现实，但亚马逊认为，这些问题只不过是通向消费者生活各方面的高速干道上设置的陈旧减速带。亚马逊不是茫然地固守一个百年行业的过时规矩，而是更想去改造这个行业本身。

说到伦德格伦对于亚马逊潜在发展阻力的预言，其实正是这些轻视和错误认知为亚马逊输送了发展所需的氧气。有一点值得注意，2016 年 6 月，伦德格伦在销售额下滑的情况下卸任梅西百货的 CEO，而一个月后，贝索斯成为全球第三富豪，真是报应。

虽说亚马逊表现非凡，但它也只是迅猛发展的全球电商成长故事中最显要的角色。

4

一键点击的世界

2015年，全球电商规模达到1.592万亿美元。要是这个数字没有惊到你，那它所代表的21%的年同比增长率应该会让你停下来好好想想——这是多么惊人的增长率，更何况同期的全球零售业整体平均增长率只有6%左右。

美国的电商市场已发展成熟，但在2015年的增长率还是达到令人目眩的14.6%，价值规模近3420亿美元。实际上，自2005年以来，只有在2008年和2009年这两个年头——全球衰退的起始点，美国的电商增长率降到两位数以下。与此同时，美国零售业整体的年同比增长率自1992年以来就没有超过9%。从来没有。

对于线上平台与实体门店的斗争，美国消费者显然是用点击鼠标的动作投票。每个月有超过三分之二的美国人进行网购，而2015年每周有33%的人进行网购——比上一年增加9%。观察者都清楚地看到，美国仍然是电商发展的温床。

但比起中国可以放开了吃的“自助餐”市场，美国市场就像是一碟开胃小菜。2015年，中国超越美国成为世界最大的电商市场，销售额接近6000亿美元。2014到2015年间，中国电商的发展速度达到惊人的33%。实际上，

2015 年，中国的互联网用户数量就已经是美国的两倍了，而且这些用户中有 89% 能够用移动设备上网。而且，要知道，目前中国总人口中只有近 50% 在上网！只能想象一下，当上网率接近 100% 时，中国的电商会达到怎样的规模。

来自东方的野兽

2016 年 11 月 11 日，当太阳在亚洲升起而大部分西方世界还在沉睡时，令人震惊的事情发生了。

每年的 11 月 11 日，中国的消费者都会欢庆日益有名的光棍节。光棍节的得名源于 11 月 11 日也可以写成 11/11，也就是四个光棍。光棍节始于 1993 年，起初，未婚年轻人在这一天会聚在一起开派对、相亲或进行其他社交活动。随着庆祝活动日益流行开来，投机取巧的零售商也关注起了这个节日，他们趁机推出了瞄准消费者（单身或其他的）的促销活动。打头阵的是电商巨头阿里巴巴。

阿里巴巴是中国企业家马云的杰作。马云在浙江省的省会城市杭州长大。他小时候就学习英语，方法是免费带说英语的游客游览城市，以换取他们的指导。然而，马云并没有一下子成功。他两次高考失利，最后被杭州师范大学录取。毕业的时候，他去许多公司应聘过，但都被拒绝了，其中一家就是肯德基。最后他争取到了一份教英语的工作，同时开始了自己的翻译事业。

1995 年的一天，在游览美国的途中，马云的一位朋友向他介绍了互联网，他和很多住在中国的人一样，还没有接触过这个东西。这件事必然会改变全球零售业未来几十年的发展情况。马云在网上随意搜索中国的牌子，刚好都没有搜到。就在那个时候，他意识到中国企业在互联网上的存在感有多低，于是就想自己创办立足中国的创业公司。他建起了他所说的“中国黄页”，把自己仅有的 7000 元钱（约 1500 美元）投了进去。一年之后，取得了一定的成功，马云最后接受了中国电信价值 18.5 万美元的并购。在最终失去对公司的控制权后，他辞职下台。

常言道，妖怪出了瓶子就关不住了。互联网的潜力和马云的创业动力确实是极具感染力的组合。1999 年，他说服自己的 17 个朋友一起投建一家新的企业。这群人东拼西凑了相当于 6000 美元的资金创建了一家公司，也就是后来为人所熟知的阿里巴巴。事实证明，那 6000 美元花得很值。2016 年，阿里巴巴的市值略微超过 2000 万美元。而马云这个曾两次高考失利、被认为无法胜任肯德基工作的笨小孩，如今坐拥全球首屈一指的零售帝国。

但我跑题了……回到光棍节！

2016 年 11 月 11 日，仅在光棍节的第一个小时内，阿里巴巴竟然就卖出了 50 亿美元的商品。你没有看错——60 分钟内卖出了 50 亿美元（单位是 10 亿）的东西。老实说，我的脑子很难消化这个数字。说得明白一点，这个销售额就相当于每分钟卖出了近 8300 万美元，也就是每秒 140 万美元。换个说法，例如，家得宝的门店平均每年卖出近 3600 万美元的商品，因此，在光棍节开始 60 分钟的每一分钟里，阿里巴巴的交易额就是家得宝大卖场一整个财年交易额的两倍还要多。要是这还没有击中要害，那就想想，阿里巴巴在那天头一个小时的销售额差不多是美国“黑色星期五”期间在线零售额总和的两倍。

阿里巴巴最终在 2016 年的光棍节卖出超过 200 亿美元的商品——这个单日销售额是 2015 年易趣（eBay）全年收益的两倍多！此外，对于阿里巴巴而言，销售额较前一年激增了 40%。

对于在零售业内讨生活的人来说，这无疑是电商界的地震，也是一个历史节点。从此以后，关于在线零售规模与比重的各种理解都会永远改变。阿里巴巴的壮举让最为老练的电商观察员和互联网传播者都目瞪口呆。2016年11月11日这一天，来自东方的野兽咆哮着，借此永远改变了在线零售的轴线。

> 要向竞争对手学习，但不要照搬。照搬它们，你就会死掉。
>
> **马云**

阿里巴巴如此庞大，其财力可以轻松盖过好几个易趣。2015年，阿里巴巴公司在自家的电商平台上卖出了高达4760亿美元的商品。更引人注目的是，当大多数电商公司被斥为营收高、盈利低的时候，阿里巴巴的毛利率通常能达到30%左右，其盈利一直比亚马逊和易趣的总和还要多！

虽然中国电商市场的发展赢得了全球大量的关注，但要恰如其分地衡量全球电商的整体潜在规模，就不能不说说印度。

赌巴拉特赢

目前印度的电商规模相对较小，只有160亿美元，但是摩根士丹利预计，仅需四年，这一数字便会猛增7倍——上网率的激增推动数值增长。比如说，就在你读这句话的时候，近20个印度人会首次连上互联网，也就是说每秒钟会有3个新用户。一直到2025年，光靠电商也能为印度提供1200万个新的工作岗位。

2016年，印度超越美国成为全球第二大线上市场。印度互联网的使用率每年提升近40%，预计到2030年会有超过10亿印度人能上网。印度的手机使用率也在以惊人的速度增长。2016年，四个移动设备中就有一个是智能手机，上一年这个数字还只有六分之一。

对于品牌来说还有更好的消息。印度不仅恰好是全世界发展最快的经济体，也拥有极好的人口统计数据，印度的千禧一代人数是全世界最多的。实际上，印度的年龄中位数竟然是 27 岁，而美国是 38 岁、英国是 41 岁、加拿大是 42 岁。那么我问你，要是你是耐克公司，你更愿意在哪里卖跑鞋？

为了发掘印度这个显而易见的宝藏，阿里巴巴、亚马逊和其他类似的公司大力投资了一系列创业公司。从为小企业提供的短期贷款项目、为消费者提供的支付保护，到错综复杂的计划和联盟，再到一体化供应链，这些电商巨头在印度身上下了大注。

这些赌注似乎是成功的。2014 到 2015 年间，弗利普卡特（Flipkart）、亚马逊和 Snapdeal 这三大顶尖电商落户印度，其销售额超过了印度前十大线下零售商。实际上，很多人认为，也许仅仅几年后，印度的线上商务就会超过整个线下商务——在任何市场中这都是前所未见的成就。

颠覆零售

长久以来，零售商都轻视纯电商造成的威胁。经营者立马就指出，虽然电商在发展，但是大部分零售销售额还是在实体店里取得的——这一比例正急剧下降。

到了 2013 年，大多数人都清楚地看到，电商的速度和规模根本没有减退。电商的迅猛发展已成为不可避免的事实。此外，阿里巴巴这类公司不仅销售增长额和顾客获取量极为骇人，而且还赚到钱了，克服了电商公司长久以来为人诟病的致命短板。2013 年 3 月上一财年结束时，阿里巴巴公布其净利润为 16 亿美元，竟然占了总收入的 28.6%！亚马逊那时候还没有赚到钱，但是销售额接近680亿美元，而且20%的年增长率十分抢眼。

那时候，零售商还有安全感，因为它们相信涉及服装、家具、汽车一类的商品时，网购是有问题的。可是，渐渐地，给它们安全感的商品类别没了。实际上，阿里巴巴还创下了一项吉尼斯世界纪录，那就是一天之内在网上卖出了6500辆汽车！所以，如果你是个汽车经销商，那现在就应该感到紧张了。

其实，要是只有亚马逊和阿里巴巴的话，虽说找出市场上的潜在破坏因素起码会变得容易一些，但可能也不会改变零售业所处的环境。然而，亚马逊和阿里巴巴后面藏着一群不断扩充的创业公司。它们把混乱推至狂热，可以说是一直在攻击现有零售类别的弱项。

比如说，2016年，联合利华斥10亿美元巨资收购了一家初创公司，即男性护理品订购零售商Dollar Shave Club。这是四年前刚成立的一个品牌，订购者有300万，销售额达2亿美元，如今已成为吉列等成熟品牌的有力竞争对手。

同样是在2012年创办的蓝围裙（Blue Apron）靠家常净菜配送服务迅猛发展。这家公司估值20亿美元，现在每个月卖出300万份外卖餐，沉重打击了现在的超市，就连好市多也难以幸免了。2013年创立的仓储式移动电商Boxed Wholesale让在线买家以批发价批量购买，根本不用再踏进好市多或其他俱乐部商店了。该公司自成立以来已融资超过1.36亿美元，聘用了数百名员工。

在我写这些内容的时候，仅一家天使投资网AngelList上列出的初创公司就高达5721家。现在没有什么类别的服务和商品能够免受电商的扰动。要是还没有电商在做你卖的东西，那我可以跟你保证，有人准备要做了。

所以，如果你是个零售商，那就要充分理解现实情况。要是全球电商整体以每年两位数的增长率在发展，而实体零售以个位数增长率沉重慢行，那么有些人就会不复存在。

5 配送军备赛

电商企业面临的真正挑战不再是说服消费者去网购，而是要用越来越短的时间将我们购买的亿万件商品送达消费者。

在很短的一段时间内，我们对于订单配送的期待值飙升到了最高点。就在不久前，要是你在网上下了单，能收到你就很高兴了！这听起来可能有些夸张，但其实不夸张。以前订单晚到、损坏、残缺或送错都太正常了。要是你从中国订购的东西成功送达了，你肯定会大吃一惊！而现在，要是从中国买的东西在几天内不能送到我们的家门口，我们很可能就会不高兴。重点不在于买什么、产地在哪里，而在于我们想快点拿到。

随着即刻满足感的需求日益高涨，催生了一大批致力于本地快递的初创公司和措施方案。

- 同城快递（Postmates）创办于 2011 年，现在在美国 26 个城市配送一系列产品，包括食品和消费品。
- Deliv 创办于 2012 年，是一家众包配送服务公司。威廉姆斯-索诺玛等零售商在使用这项服务，通用增长物业公司（General Growth Properties）、西田集团

（Westfield Group）和西蒙地产集团（Simon Property Group）旗下有越来越多的商场也在用这项服务。

- 共乘服务商优步（Uber）在 2014 年凭借优步送餐（UberEATS）进入配送市场，又在 2015 年 10 月启动了一项名为 UberRUSH 的新服务，瞄准那些需要快速将产品寄给本地顾客的小企业。每次配送收费 5~7 美元。
- 阿姆斯特丹的智能门铃初创公司 TringTring 利用按需式自行车队来配送本地的包裹和订单。
- 英国的初创公司 Deliveroo 为 12 个国家的 750 多家餐馆配送在线订单。
- 2014 年，Skype 联合创始人安提·海恩拉（Ahti Heinla）和乔纳斯·弗里斯（Janus Friis）创办了星船技术（Starship Technologies），旨在开发一种用于陆地运输的机器人，能够日夜不停地穿行于城市街道配送包裹。这个小巧的六轮电动运载工具能够自动行进达 3 英里①，并能运载两袋杂货大小的东西。
- 新西兰的达美乐比萨（Domino's Pizza）开发并测试了一种自动配送运载工具，能够配送热比萨饼和冷饮。
- Instacart 是一家冉冉升起的杂货生鲜配送初创公司，现在的估值为 20 亿美元。总的来说，如今在美国和其他国家有近 40 家公司按需要者的要求来挑选和配送杂货和快餐。

机器人来了

如你所料，这场配送军备赛的一位极高调的煽动者就是亚马逊。2013 年，亚马逊宣布将借助远程遥控的四轴无人机来尝试空运包裹。起初，很多人认为这是个促销噱头。后来发现，亚马逊公司极为认真。在一系列的推广视频中，亚马逊表明，它想要把订单完成时间从几天缩短至几个小时，甚至可能是几分钟。

很多人觉得贝索斯疯了。很多人认为，想要让数千架无人机在空中飞驰

① 1 英里≈ 1.609 334 千米。——编者注

星船技术的配送机器人。

图片由星船技术提供。

来配送包裹真是荒唐滑稽。然而，很少有人知道，DHL 等公司已经常规化地利用无人机将药品送到德国的偏远地区。贝索斯并不是凭空想出无人机配送的。这是已经发生的事。此外，亚马逊如此费心研究快递其实是与该公司的战略格局完美契合的。从一开始，贝索斯就讲明白了，亚马逊会永远努力在产品价格上保持竞争力，但最终会赢在选择范围的广度和购物体验的超高便捷度上。无人机配送就是零售业的一记鲜明示警，意味着亚马逊有多么想统治配送的最后一英里。

2016 年，努力多时之后，亚马逊开始在英国进行一系列获准测试，包括让无人机在操作者的视线外飞行——这一请求长期以来都被美国联邦航空管理局驳回。但就在无人机配送的未来派特性妥妥地占领头条之时，亚马逊却在悄然搭建看起来更为实用并能改变游戏规则的配送基础设施。

比如说，亚马逊在 2012 年斥资 7.75 亿美元收购 Kiva 系统公司（Kiva

Systems Inc.)。该公司开发的机器人能够在排布密集的仓储空间中高效搬运物品。当时，亚马逊在努力控制不断飙升的仓库人员数量：单单在2010到2011年间，仓库人员增加了67%。Kiva机器人应该是提高生产力并控制人工成本的最佳办法。

如今有超过3万台Kiva机器人在13个亚马逊配货中心工作。每个这样的配货中心能比没有配备Kiva的仓库多装50%的货物。据亚马逊说，最终结果是运营成本减少20%，同时平均配货周期从六七十分钟缩短到15分钟。德意志银行的一份报告预测，如果亚马逊将Kiva技术运用到余下的配货中心，那么最终会再减少25亿美元的运营成本。这对于7.75亿美元的投资来说不算太寒酸。

2014年，亚马逊在配送上加大了赌注。该公司在Prime会员项目中新增了一个额外福利——Prime Now。这项服务为现有会员免费提供两小时送达服务，可配送一系列来自巴黎、柏林、曼哈顿和伦敦等全球主要精选市场的产品。

在2014年，亚马逊申请了名为"预期递送"的专利，震惊了整个行业。亚马逊提议的这个系统在顾客下单之前就把产品发出去，也许顾客都没有意识到自己想要这些产品！这项专利表明亚马逊将能运用预测分析技术，根据订单记录来预测某个顾客会买什么。表面上看，这似乎是个疯狂的想法。但要是设想一下，如果亚马逊生鲜（AmazonFresh）的配送车每周送货上门一次、两次或多次，那么亚马逊预测家居需求、喜好和下单频率的能力就变得非常实在了。关于某个顾客的数据库足够充实的话，亚马逊就会比顾客本人还要早知道他们会买什么。

这还没完。2015年末，亚马逊启动了"最后一英里"试点计划，效仿Postmates等行业颠覆者的策略。这项计划名为亚马逊Flex（Amazon Flex），

亚马逊的一架 767F 专用货机。

图片由亚马逊提供。

允许所有年满 21 周岁、有车、无违章记录、有一台安卓智能手机的人通过为亚马逊送货来赚外快。这项计划首先在推出 Prime Now 两小时送达服务的城市实行，亚马逊同意给成功的申请者支付 18 到 25 美元的时薪，可以在任何地点开始 2 到 12 小时的轮班。亚马逊不仅在搭建配送统治权所要求的基础设施，也在调节自己灵活的按需式劳动力，从而覆盖关键的最后一英里配送距离！

实现抱负

亚马逊乐意投资物流部分是因为它不仅是全球顶级的在线销售商，也是顶级第三方物流提供者，通过鲜为人知的亚马逊物流（Fulfillment by Amazon）部门来提供服务。亚马逊的第三方卖家库里有超过 200 万个卖家。亚马逊收取费用后就挑选、打包并直接发货给这些卖家的顾客。从长远来看，亚马逊的配货服务不仅能为卖家省钱，还能大幅补贴亚马逊自己的订单处理和配送基建成本。

我个人认为，亚马逊的抱负绝不仅仅是想方设法高效运货那么简单。实际上，我认为，我们正在见证着亚马逊打造一个配送帝国，它比得上联合包裹服务公司 UPS 和联邦快递。比如说，2015 年 11 月，亚马逊做了一笔买卖，也就是它自己说的，购买“数千辆”半挂车，以便更高效地把存货从仓库运到配货中心。此举多半是为了回应在节假日的一场配送混乱，亚马逊把这场混乱归咎于 UPS 公司。此外，亚马逊提出了一个专利申请，想把这些半挂车也当作移动配送中心来用。这些移动中心可以根据季节活动、销售流程，乃至当下时间而停在有需要的地方。

在 2016 年 3 月，亚马逊还更进一步跟航空运输服务集团（Air Transport Services Group）签订了协议。航空运输服务集团将使用由 20 架 767F 货机组成的空运机组来支援一两日送达服务。除了运营服务之外，这项协议还批准亚马逊在签约后的 5 年内购买 20% 以下的航空运输服务集团股权。

一个月后，谣言爆发，声称亚马逊可能在协商着收购德国的法兰克福哈恩机场。这个机场已经亏损了一段时间，自同年 2 月起就处于待售状态。据一份德国报纸的消息，亚马逊是主动站出来的三位投标者之一。

正是这种长远战略考量让亚马逊显得很烦人。大多数零售商努力下棋的时候，亚马逊已经是象棋大师了，总能想好下几步棋怎么走，企图把不明真相的零售商整死。正如分析员斯科特・加洛韦（Scott Galloway）所说：“亚马逊的策略就是最后一英里策略，也就是坚持到最后。一笔数十亿美元的投资，通过绝妙的配送基础设施延伸至最后一英里，希望其他销售商只能跟在后面，也希望那些销售商跑到缺氧，因为其他人无法获取同样廉价的资本。”他说得没错。所有规模的零售商都在匆忙追赶亚马逊押中的配送标准。

➜ 诺德斯特龙近期收购了 Dsco。这家公司通过云服务来改善电商订单的供应链执行情况。

- 沃尔玛正尝试与共乘服务商来福车（Lyft）和优步合作，把订购的商品从店铺运到顾客手上。
- 塔吉特公司高调聘用亚马逊和苹果的人员来参与管理，想要重塑自己的配送结构。
- 英国食品商桑斯博里（Sainsbury's）在2016年开了自己的首家“幕后店”(dark store)。这个18.5万平方英尺[①]的商店及其900名员工能够当天把货品配送到30多家本地超市。
- 加拿大的哈德逊湾公司（Hudson's Bay Company）最近投资6000多万美元兴建了一个新的、几乎全自动化的配送设施。

亚马逊让买家完全期待快速、免费的物流，现在借此改写规则，迫使整个零售业去遵守，要不就玩儿完了。很多零售商就快要死了。全球零售商都在努力对抗这股上涨的在线销售洪流。更多的零售商在缩小规模，有些关了店铺，其他的合并起来，还有惊人的一大批拖欠贷款。有的就索性宣布破产。

以下简表列出了关闭大量门店的销售商：

- 爱芙趣（Abercrombie & Fit）；
- 空中邮局（Aéropostale）；
- AA美国服饰（American Apparel）；
- 美国鹰（American Eagle）；
- 奥斯汀里德（Austin Reed）；
- 巴诺书店（Barnes & Noble）；
- 宾舍曼（Ben Sherman）；
- Blacks；
- Blue Inc；

① 1平方英尺≈0.092 903平方米。——译者注

- Bootlegger；
- 布兰塔诺鞋业（Brantano Footwear）；
- 英国家用品商店（British Home Stores）；
- 查普斯特 / 英迪戈书店（Chapters/Indigo）；
- 西尔斯控股；
- 索尼；
- Sports Authority；
- 史泰博（Staples）；
- 塔吉特；
- 乐购（Tesco）；
- Vroom & Dreesmann；
- 沃尔格林（Walgreens）；
- 沃尔沃斯（Woolworths）；

…………

英国高街的门店倒闭量令人震惊。2014 年的净倒闭量达到 987 家，比上一年的 3 倍还多。据估计，美国的人均零售面积至少是其他国家的两倍，但大概有三分之一的商场在不久之后就会倒闭。

亚马逊或许并不是这些门店倒闭的唯一原因，但是不能低估亚马逊对零售商的影响。不光是零售商感受到了亚马逊施加的压力。市场上不太可能受伤的参与者也遭受了间接损害，其中就包括很多人眼中互联网的代名词：谷歌。

搜索和销毁

2013 年，谷歌启动了名为“谷歌购物速递”（Google Shopping Express）的试点项目，让购物者能够在参与该项目的各种零售商那里订货，而且硅谷和旧金山范围内的订单能够当天送达。后来这个项目更名为谷歌速递

（Google Express），并扩展到了更多的城市。

分析员们认为，这一举措十分有意义。要知道，如果顾客要上谷歌去找产品和零售商，那么谷歌就能够而且也应该开始利用这些购买行为的流量和意图，方法就是为消费者提供一个更加便捷的门户网站，让他们能从多种多样的零售商那里下单。谷歌速递会从销售获得部分收益，同时还能获取关于搜索和购买行为的宝贵数据，然后又把这些数据反馈给参与该项目的零售商。谷歌涉足购物领域的动机看起来完全是有计划、有逻辑的。

当时很少有人知道，谷歌速递迅速上马的潜在动机之一是谷歌的搜索流量大量流向了亚马逊。亚马逊不再只是谷歌上的一个非付费搜索结果，而是日益成为默认的搜索引擎，而顾客在查找产品时就完全绕开了谷歌。一项研究显示，如今在与产品相关的搜索中，高达 55% 是在亚马逊而不是在谷歌上进行的。

全球零售业的其他参与者还在围观并盘算着如何成为“全渠道”，而到 2019 年，零售电商销售额预计会达到 1.671 万亿美元，占全球零售市场总销售额的 7.4%。更吓人的是，到 2020 年，光是亚马逊、阿里巴巴和易趣估计就会占据全球在线零售市场的 39%。

马克·安德森的预言（零售商会歇业，而电商会成为所有人购物的地方）看起来经得起检验。电商公司当然就像是水中的鲨鱼，而零售商就像倒霉的冲浪者，正逐个被击杀。毫不客气地说，要是零售商仍然坚信互联网会漏看它们的产品种类或让它们毫发无损，那么也只能是妄想。现在就剩下一个问题：零售商能不能做些什么来阻止这场吞食狂潮？

6

唐·德雷柏的挽歌

我的工作要求我每年到世界上很多地方参加五十场左右的零售行业活动，因此我见到了无数的从业人员。我可以跟你说，我遇到的资深零售高管大多都是 45 到 65 岁，而且很大一部分是 1946 到 1964 年间出生的婴儿潮一代。

我可以肯定地说，零售业主要是由这样一群人来领导，他们一直信奉两条支配管理策略的永恒法则，即：

- 大众传媒肯定有效。身为营销人员，你知道在一个市场上有多少人看日报，有多少人订阅某个杂志，有多少人看《宋飞正传》(*Seinfeld*) 或是为数众多的电视节目。这些都是可靠的数据。雇一个好的代理，做些精美的广告，再把广告投放到人们可能看到的地方，搞定——客流就有了！要是消费者没有反应，唯一的解释就是你买的媒体不够多。我们习惯了依靠大众传媒。
- 消费者的购买路径是线性的，而且大多是可预见的。消费者要穿过一系列清晰可辨的狭窄阶梯，从品牌意识走到最终的交易行为。而且，品牌和零售商可以说掌控了沿路的所有数据输入，因为消费者简直就活在真空之中，可以说是完全依靠品牌和零售商提供的信息来做决定。也就是说，零售商举足轻重。

半个多世纪以来，这些法则一直是零售商和消费者之间心照不宣的合作条款，也可以说是规则。因此，在时局困难之际，很多传统零售商反射性地倾向于花更多的广告费。

比如说，在加拿大，苦苦挣扎的西尔斯公司在三年里换了 6 位 CEO，平均每位的任期仅为 6 个月。这一连锁百货的市场份额急速流向其他零售商，特别是来抢生意的电商。为了让该品牌恢复正常，每位新 CEO 果然都发起了一大波浮夸的广告宣传攻势，大谈购物者可以期待的“大变化”。然而，这些试图把该品牌包装得新鲜刺激的烧钱举措都没有带来一丝一毫的变化。最终，唯一的大变化就是高管办公室门上的铭牌变了。问题来了：

- 广告宣传能否反击电商发动的大屠杀？
- 营销费用能否阻止阿里巴巴、亚马逊等公司及其他破门而入的异类电商发起的猛攻？
- 精心设计与购买的曝光率能否像以前一样挽救危局？

媒体充足，关注不够

现在的广告宣传是史无前例的。比如说，2015 年全球广告支出是 5520 亿美元，比上一年多出近 4%。在美国，这一数字达到 1870 亿美元，其中有 790 亿（足足占了 42%）仍是投给了所有媒体的鼻祖——电视。

尽管你在传媒报道中可能听到了另一番说辞，但电视这一媒体并没有死。美国人每天看电视的时间仍然高达 4.3 个小时。此外，最近一项在英国进行的研究表明，90% 的消费者认为，电视广告绝对是最令人难忘的广告形式。问题并不是我们不看电视，而是我们不看电视广告，起码绝不是以我们习惯的方式。

这个问题主要是围绕着一个关键的电视广告衡量标准——到达率（reach）

来展开的。到达率就是可能看见某个广告的人数。这个潜在观众数量就是广告经理在考虑广告投放地点时所瞄准的目标。

那么，到达率仍然是一个有用的衡量标准吗？我探究过这个问题，方法就是在演讲时在观众当中进行意向调查。我先请那些仍然收看广播电视的人举手示意。通常大多数观众都会举手。我请那些在看电视时把笔记本电脑、移动设备或平板电脑放在手边的人继续举手。毫无例外，几乎所有人仍举着手。我相信，你可能在想自己也是这样的。然后，我问那些仍举着手的人在插播广告的时候通常做什么。你可能猜到了，他们的回答五花八门。有的查邮件，有的刷 Facebook，有的把照片上传到 Instagram，有的网购、看视频或是做些别的消遣。无一例外，几乎没有人在看广告——反正不是故意的。为什么要看广告呢？你的手里就有一台装满有趣内容的超级电脑呀！到底为什么要看无聊的广告呢？

这不是最近才出现的行为。早在 2011 年，尼尔森公司（Nielsen）进行的一项调查发现，40% 的智能手机和平板电脑拥有者在观看电视节目时会把注意力分给电视和其他设备。广告经理一厢情愿地认为消费者能做到一心多用，从而吸收周围的广告信息，然而研究显示这不太可能发生，而且广告商最好把双屏观众视为妨碍者。

我们的注意力分散在各种设备上，严重影响了广告的有效性。沿用到达率这一衡量标准的话，我们会知道今晚有多少人在看《X 音素》（*The X Factor*），但根本不知道有多少人会看电视广告。但要是我的这个非常不科学的实践调查方法指出了一些问题，也不能说明很多。

双屏参与还在争夺消费者的注意力。

跨平台消费

另一个否决到达率的因素是，消费者不再受制于电视直播这一种收看节目的形式。他们现在利用各种设备、服务、平台并按照各种时间表来收看电视节目。人们所说的非线性电视节目正在彻底改变广告业发展动态。

实际上，尼尔森公司不得不改变自己的评级系统来解释这个问题。为了了解时下播放电视节目的众多设备和渠道上的受众偏好，尼尔森现在使用名为“全受众监测”的系统来数出播放节目的每一块屏幕上的每一次观看记录。得出的结果十分惊人。在早期的一场测试中，只有 45% 的观众在首轮播放时看了某个客户的电视剧。剩下的 55% 的观众经历较长的时间并利用多种设备来观看该剧，其中：

- 32%：节目播出后 7 天内利用数字视频录像机（DVR）观看；
- 2%；节目播出后 8 到 35 天内利用数字视频录像机观看；
- 7%：35 天内通过视频点播；
- 6%：通过一台联网的电视设备；
- 8%：电脑、移动设备或平板上的流媒体。

那些坚信异时观看的受众会刻意看广告的营销人员可能会重新考量这个策略。上述那项英国的研究指出，在使用数字视频录像机的观众中，有 86% 的人实际上是握紧拳头按下快进键来跳过广告的。

奥斯卡金像奖这样的高端娱乐节目和超级碗一类的体育赛事节目一直都是金牌广告位，如今却也是前景渺茫。2016 年奥运会的收视率比 2012 年伦敦奥运会低了 17%，清楚地反映出这个不断发展的多屏世界。

因此，到达率（接触某个广告的机会）和印象（接触某个广告）之间的差距拉开了，并且快速扩大。要解决这个问题并不能光靠投放更多的广告，即加大频率。这第三个衡量标准是广告界神圣的三位一体法则中的一项。要是到达率出毛病了，那么频率也就没用了。如果一开始就没有人看你的广告，那么提高频率的结果也就是人们更加频繁地无视那些广告。

零售营销人员更烦恼的是他们最想拉拢的消费者，即年轻消费者，比年龄较大者更加不常看电视。实际上，一系列研究表明，在 18 到 24 岁的千禧一代中的传统电视收看率自 2011 年以来下降了 38%。25 到 34 岁这一群体的降幅较小，但仍十分可观，接近 22%。

数字梦想

传统广告形式的有效性下降，促使品牌遵从数字媒体的召唤。如同鱼群同时偏离轨道以避开危险，各行业也已快速而彻底地改变了广告支出方向。

2015 年的全球广告支出比 2014 年多 4.6%，主要是靠数字广告支出拉动，这项支出的增长率是总增长率的 3 倍多；社交广告支出的增幅尤其突出，在 2015 年达到 236.8 亿美元，比 2014 年多 33.5%，到 2019 年社交媒体广告收入（502 亿美元）与报纸广告（507 亿美元）基本持平。到 2020 年，社交媒体广告收入将超过报纸。

当然，促使营销人员采取这些措施的主因是 Facebook、Twitter、Instagram 和许多其他的社交媒体网络公布的超大量用户数。显然，在社交媒体领域，规模仍然很重要。比如说，你不必深挖 Facebook 的企业网站就能找到这类统计数据：

- 2016 年 6 月，日均活跃用户 11.3 亿；
- 2016 年 6 月，移动端日均活跃用户 10.3 亿；
- 截至 2016 年 6 月 30 日，月活跃用户 17.1 亿；
- 截至 2016 年 6 月 30 日，移动终端月活跃用户 15.7 亿。

Twitter 也积极吹嘘自己的影响范围：

- 月活跃用户 3.1 亿；
- 83% 的活跃用户为移动端用户；
- 嵌入推文的网站月独立访问量 10 万。

当然还有 Instagram，该应用自称是一个超过 5 亿人组成的社群。

这些数字很惊人。我敢带头保证，社交媒体能够有效地联结志趣相投的个人、传播具有感知价值的非广告内容。这能行得通。

此外，Facebook 不断增强的用户信息追踪和挖掘能力足以让国家安全局显得外行。大多数人没有意识到，Facebook 利用 98 个独特数据点来测定每一个用户的即时兴趣、需求和偏好——不管他们是否登录 Facebook！没错，就算你没有登录 Facebook，分散在互联网其他角落的代码和插件也会继续追踪你的活动，直接把信息传回航母：Facebook。

结果是这样的：比如说，你是个单身蓝领工人，最近搬到了伦敦，是英式橄榄球球迷，开一辆起亚，吃印度菜，你妈妈的生日在 6 月份。所有这些与近 90 条其他信息结合起来就能为你推送一系列专属广告，不同于拥有其他信息点的用户接收到的广告。

有些人觉得这种程度的侵扰很烦，而其他人则认为这是我们为避开大众营销而付出的代价。很难说清 Facebook 和其他免费的社交网络究竟多么深刻地颠覆了定向营销的定义和企图。

Facebook 的缺陷

大型零售商和品牌虽然热衷于社会营销，但是可能会忽视数学上的一个明显缺陷。商业媒体积极争取的海量数据和用户数背后隐藏着一些警告，这些警告对于真正理解潜在投资回报十分重要，但是营销人员很少意识到或愿意承认这一点。这就是让墨尔本大学商学院副教授马克·里特森（Mark Ritson）怒不可遏的问题。

在一场精彩的演讲中（你一定要去 YouTube 上看看），里特森剖析了那些常遭掩饰的社交媒体营销数字。他举了一个特别深刻的例子，探究了澳大利亚零售商沃尔沃斯在社交媒体营销方面下的功夫。他指出，该品牌在 Facebook 上积累了 72.1 万个赞，这个数字乍一看很惊人。但这个地方我们要深挖一点找出真相。这 72.1 万个 Facebook 粉丝都是在 Facebook 上赞过沃尔沃斯的用户。这个数字并未表明时效性（recency），也就是说，不能确定那些用户中有多少人近期确实是活跃或参与的。里特森指出，要是单看某一周内在 Facebook 与沃尔沃斯互动的活跃用户数，那么这一数字会骤降至 8500，仅占更为抢眼的标题数字的 1.1%。但是，里特森说，真正气人的是：沃尔沃斯将其社交媒体团队的努力用于争取 8500 个 Facebook 用户，但是“该品牌吸引了 2100 万人造访沃尔沃斯门店”。也就是说，该品牌（花大价钱）在 Facebook 上争取其顾客群中的 0.04%，而与此同时，有 2100 万个活生生的、有血有肉的真人顾客走进它的门店。那为什么不想着进一步取悦那 2100 万人呢？

这样的苦果并非只有沃尔沃斯尝到。大多数在 Facebook 上求赞的品牌也有类似的结局。里特森认为，实际上是因为品牌这一方根本没有认识到自己是社交媒体上多出来的“第三者”。他说：“这是错卖产品。社交媒体是为人们服务的，而不是为品牌服务的。”他认为，要是你看看 Twitter 上前百位用户账号，根本找不到一个零售商或品牌。零！其实那是媒体网络和名流“人物榜”。

对于社会营销狂热者来说，这个事实像是异端邪说，但这也许并不是第一次有人质疑社交媒体营销的净值。弗雷斯特研究公司（Forrester Research）副总裁兼首席分析师内特·艾略特（Nate Elliott）最近给品牌提出了以下建议：

- 那里没有社群。我从没见过任何品牌成功地在 Facebook 建起了一个长期的社群。人们可能围绕一个为期一周的话题聚集了起来，但是对话没有被串起来，也没有存起来。那里从来就没有一个有意义的社群。就算网页上积累了很多赞、评论和转发，也还是没有社群。在 Facebook 建社群这种概念，以及把管理网页的人称为社群经理这种行为，始终是白日梦而已。如果你想要一个社群，那就需要建一个，也就意味着要在你拥有的域名上建一个有品牌的社群。

尽管如此，你可能会问，所有那些精准定位的广告怎么样呢？肯定有用吗？里特森认为，可能没有用，这在很大程度上是因为在 Facebook 上留下的所谓成功广告“印象”其实并不成功。举个例子，假设你做了一个很棒的视频广告，并放到 Facebook 上播放。要是某个用户只看了视频的一小部分，根本没有搞清楚内容，Facebook 就把这算作一次观看记录，然后向你这个营销人员收费。实际情况更糟糕。Facebook 上大概有 85% 的视频是静音播放的，这意味着只有 15% 的用户听了声音——这是现在 Facebook 正在努力改变的事情。但真正糟糕的消息是：要是某个人看你的视频只看了 3 秒，而且还把声音关掉了，你也要为这一次观影记录付钱。希望这是那个人生命中最好的 3 秒钟，而且那个人恰好读懂了唇语，否则就白白浪费了你的营销预算。

2016 年末，Facebook 不得不承认自己用于计算用户观影平均时长的方法有很大的缺陷。Facebook 排除掉播放时长少于 3 秒的视频，结果表明，原来给营销人员呈现的是明显夸大的视频整体效力。这一衡量标准是营销人员决定在哪里花以及如何花广告费时要考虑的重要因素。

但就算消费者看你的广告时不是只看了几秒，外部网站广告也只有 2% 到 5% 的点击率。因此说实话，我们能指望 Facebook 营销会多有效呢？

难点在于，如果你想在 Facebook 上推销你的企业，那么你没什么选择，就只能付费来玩。Facebook 系统性地压制了非付费帖子，从而迫使品牌花更多的钱来争取等量或更少量的消费群体，这样一来就逐渐让企业越来越难以有机地争取顾客。Facebook 向品牌收的钱逐年上涨，目的是要补贴那些想分享汪星人和喵星人图片的免费用户。他们这样做的原因是大量数据表明，没有人上 Facebook 是为了看广告。以下这些才是我们上 Facebook 的真正原因：

- 52%：为了看朋友们在干什么；
- 42%：为了直接发信息给朋友；
- 39%：为了保持联系；
- 20%：为了发视频；

➔ 15%：为了看朋友们在看 / 听什么。

要是你在找那些为了跟品牌和零售商混而上 Facebook 的人占多大比例，那这个数字小到根本上不了榜。这种情况并非只有 Facebook 遇到了，当所有社交媒体平台想把受众变现时都会遇到同样的问题。

相同的噪音，不同的渠道

这些事实促使一些品牌全面反思自己利用 Facebook 的方式。比如说，宝洁公司在 2016 年不再大量投放定向广告，因为该公司发现，对照愈发广泛的数字营销方式来看，这方面的投资回报是不到位的。和其他品牌一样，宝洁公司也难以协调这种新媒体的明显普遍性与其终极成本效益。

在我看来，Facebook 纯粹变成了这个时代的美国广播公司（ABC）、美国全国广播公司（NBC）或是哥伦比亚广播公司（CBS）。就像电视网络曾经称霸，成为关键的信息来源一样，现在大多数人可以说是密切关注着 Facebook，而维护网络及其内容的成本是靠广告收入来支撑的。是否有些新东西呢？好吧，确实有。如今消费者在反击。比如说，在英国，22% 的成年人使用在线广告拦截器，而在美国，10% 的网民在用。这根本就是针对广告的凝固汽油弹。这一趋势引发了在线广告商和广告拦截软件公司之间的战争。

Facebook 在 2016 年 8 月称已想出变通方法，就算有广告拦截软件也能强行播广告，这就表明这场猫鼠游戏变得多么疯狂了。Facebook 在自己的博客上对用户们说，广告对于 Facebook 的生存至关重要，所以不管用户喜不喜欢，Facebook 都要在他们的新鲜事里塞满广告。仅仅 48 小时之后，至少有一家广告拦截公司就已经搞清楚怎样绕过 Facebook 拦截广告的拦截器的了。这一回应无疑刺激着 Facebook 针对广告拦截器去设计阻止拦截器的拦截器！

和我同为未来主义者的戈尔德·莱昂哈德（Gerd Leonhard）如此说道："每当广告商制造了一个更好的捕鼠器，他们都会认识到同一件事；顾客不喜欢捕鼠器。"这里刻意避而不谈的事情是，广告没有渠道问题，只有广告自身的问题。消费者就是普遍讨厌广告，除极少数情况外，我们总能看见广告。不同的是，如今我们有力量、有技术去做点什么了。

百事公司全球饮料品类总裁布拉德·杰克曼（Brad Jakeman）说"数字营销"，甚至是"广告"这些概念都应被搁置一旁。实际上，杰克曼说广告的整个概念是基于用人们不想看的内容去"污染"世界。杰克曼指出自己特别鄙视影片前导广告——视频内容播放前出现的 32 秒视频广告。他感觉这些广告会让人减寿几小时。他在近期的一场会议中说道："更糟糕的是，我知道那些在做前导广告的人知道我会讨厌它。我怎么知道的呢？因为他们告诉我必须要忍受多久——30 秒、20 秒、15 秒。你只要再看 10 秒这些讨人厌的东西，就能看到真正想看的内容。这是污染内容的一种模式，是不可持续的。"

我在杰克曼观点的基础上再进一步，认为广告这个概念完全不再是可持续的。我们能装扮它，给它起不同的名字，还可以通过新渠道传送它，但它依旧是广告，而且依旧很讨厌。

我给如今的零售商和品牌提出的建议是，它们一开始的设想（going-in assumption）应是现在已经无法买来足够的关注量以获得成功。如果你不善于推动免费媒体、关注和口碑，那么多少付费广告也救不了你。你的广告可能是内容导向的、纲领性的、立足某地的，或者是一则老派电视广告——这都不重要。冲破噪音和打动人心（人数众多，而且人们碰巧不怎么在意你的品牌）的概率接近于零。

就算你能让足量的信息穿过市场的嘈杂呈现在目标客户面前，接下来你就会遇到另一个完全不同的挑战。我们前面说到的那种简明、整齐、线性的购买路径如今变成了一个由不同渠道、触点、平台和设备构成的复杂迷宫。消费者可能通过多种不同方式开始通向某个品牌的旅程，其中很多方式是不怎么受品牌控制的。在旅途中，品牌和产品替代品数量呈指数型增长，完全不像以往那样不断减少。

比如说，我们可能在 Facebook 或 Twitter 上第一次听说某个产品并不是因为品牌给我们看了个广告，而完全是因为某个朋友正好提到。这可能吸引我们去看该品牌的官网，官网又把我们引到本地门店。我们可能会去门店看看，但接着又回到网上，开始搜索替代产品或是看评论。我们可能几周或几个月之后才会买点东西。最后我们可能会回到原来那个零售商的网站，在那里下载好它的 App，但晚些时候坐到咖啡馆里时才进行网购。营销人员如何能讲得清这一类旅程？更不用说去控制顾客在全过程中的体验——这样一个充满全新顾客需求和喜好的过程了。

7

开端的终结

消费者的脑袋里产生了新的期待。线上体验塑造了我们对于线下体验的期待。可以这么说，我们被重组了。这给零售商及其营销团队带来了更多的挑战。举个相关的例证。我仍记得第一次造访百思买门店的情形。我记得自己惊异于当时看来十分惊人的库存量。特别是我记得电视机的陈列量让我大吃一惊——大概 75 台，我猜。看起来不可思议。相较之下，要是现在我访问亚马逊，搜索关键词“电视机”，会出现超过 50 万条搜索结果。50 万！因此，在不到 30 年的时间里，我们大脑里对于电视机数量大小的判断基准看起来应该是从 75 升至 50 万。

更重要的是，伟大的电商网站不仅提供更多的选择，还让选择的过程变得更容易。家得宝网站上的 1000 件产品完全比它巨型门店里的 100 件相同产品更容易浏览、优化、比较和挑选。

我最近就深有感触。当时我和妻子去购物，想给正在装修的浴室配个水龙头。我们来到一个家居装饰大卖场，站在近百个不同尺寸、价格、外形和功能的各式水龙头样品面前。我们两个不发一言，就只站在那里，目光呆滞，抬头看整墙的产品。过了一会儿，我们空手离开了。那天晚上晚些时候，我才意识到为什么那么难以做选择。我们的大脑已经习惯了网购，网购时可以优化搜索内容、比较产品并获取大量排版好的产品信息。在实体店中购物没有这些工具提供的便利，我们的大脑几乎无法处理此事，结果基本上就是认知崩溃。

线上购物体验是简易和便利，线下体验是挑战和艰苦。两者之间日益扩大的鸿沟很快就会到达临界点，一如我们现在所知，这会让冒险进入实体店这个相对信息真空的行为变得不再有意义。若想继续立足，零售商就必须让自己的实体环境拥有顾客在做出精明、零阻决策时所依赖的工具、数据和技术。

手机狂热症

使情况更加严重的是，当顾客外出购物时，这个巨大、新颖、购物便捷的世界不再只是老实待在顾客家中的笔记本电脑里，而是以手机的形式存在于顾客的手中、口袋或钱包里。

现在，我不想在此浪费笔墨让你相信手机其实是一件物品。我相信你已经心知肚明了。毕竟早在 2004 年，智能手机的保有量就已经超过功能手机的保有量了。而且，弗雷斯特研究公司预测，到 2020 年，全世界超过 85% 的手机都是智能手机。此外，2020 年智能手机用户市场将以 9.5% 的五年复合增长率继续发展。

我相信你也像我一样看到这些数据每天绕着自己转啊转。在每个咖啡店、机场、公园或其他公共场所，你看到人们老是盯着自己的手机。看演唱会、逛美术馆或是参加城市观光，你看到人们通过自己的智能手机来体验活动。我们简直就是通过设备的屏幕来生活。我们中至少有 68% 的人每天早上做的第一件事是看手机——平均每天看 220 次。三分之一的手机用户只要一想到没有手机就会感到焦虑。我必须承认我也是其中的一员。

最近我在旅行的途中独自参加了一场晚宴，刚一坐下我的智能手机就没电了。你了解那种恐慌的感觉吗？就像我的氧气供应被切断了。服务生过来询问我需要什么，我的脑海中有个声音在大喊：充电器！我克制住了，但我在等餐的时候，必须重新找找，若少了智能手机带来的好处，人到底还可以做些什么。

无论我们喜欢与否，我们的生活越来越离不开科技了，而这一事实正对如何、何地、何时甚至为何购物产生了巨大的影响。实际上，你在看这本书的时候，所有零售交易中至少有 50% 会以某种形式涉及网页，而且越来越多的交易是在移动端进行的。这种数字脐带造成的结果是，我们作为消费者如今在期待，只要在一片玻璃上轻击两下，就能完成任何我们想知道、拥有、看见或做到的事情。

面向未来

实体零售受到电商的威胁，而且增加广告支出这一传统应对方法变得越来越没用，那么未来给这个行业保留了什么？电子商务的乱序扩张什么时候会规范化，实现零售市场整体的增长？电商领域这些天文数字般的两位数年同比增长率什么时候会降到现实世界的速率，比如说零售业其他领域所习惯的 3% 到 5%？我的建议不是让你屏住呼吸。正如温斯顿·丘吉尔所说：“现在还不是终结。这甚至都不是终结的开端，但这可能是开端的终结。”

所有证据表明，我们正走向在线零售主导的未来，届时，我们现在所知的电商看起来就像西尔斯罗巴克公司（Sears, Roebuck & Company）的圣诞商品目录一样。当我们向孙子辈描述我们如何习惯于坐在电脑旁、点击二维图片、输入支付信息、坐等烧汽油的运货卡车到来时，他们会怜悯我们，并且

咖啡馆的顾客老是盯着自己的手机。

很惊讶我们是这样过活的。

那么，电商的未来会是怎样的呢？我很乐意说说我所设想的前路，但在深入说明之前，我想给你一个选择。就像《黑客帝国》(*The Matrix*)中梦神墨菲斯对尼奥说的那几句有名的话："你可以选择。你吃掉蓝色药片，然后故事结束。你在床上醒来，相信自己想相信的东西。你吃掉红色药片，然后待在仙境里，我会让你知道兔子洞有多深。"

也就是说，你现在可以合上这本书，然后在公司里保持以往的方式，没人会知道。你可以固守成就自己今日地位的信念和范式，并希望这些能保护你度过明天。你也可以选择读下去，看看所有这些会走向何方。但要是你这样做的话，你就必须敞开心扉，看看将来可能会发生什么，把怀疑留在这里，就现在。

选择权在你手中。

第二部分

媒体即门店

8

后电商时代

我知道你选择了红色药片。真棒！那就开始吧。

我们周围的零售世界正在发生的变化可能是二元的。也就是说，随着电商的发展，实体门店将别无选择，只会消亡。考虑到一大堆零售商半路夭折以及倒闭门店的数量，人们就容易认同马克·安德森所说的“软件正在吞噬零售业”。

与此同时，其他人把“全渠道”看作解决零售商问题的万灵丹。他们认为，在后端将多种渠道的运作元素融合起来，就能让那个消费者在前端享受“无缝”体验。分享各个渠道中关于顾客、产品和偏好的信息，就能给一个濒死的商业模式赋予生机，而门店，据我们现在对它们的了解，会存活下去的。

这两种判断的问题在于过分简化了，而且本质上有缺陷。实际上，我们见证的是一次历史性的转变：媒体和门店的传统角色交换了位置。我们将看到，所有形式的媒体实际上正变成“门店”。这听起来非常像马歇尔·麦克卢汉（Marshall McLuhan）的论调，我知道，但相信我，这并没有那么猛。要解释这个转变，最好是简短回顾一下媒体和门店之间的传统发展动态。

旧式购买进程的顶点是去建立意识，这个目标基本上是借助广告媒体来完成的。一般来说，广告有三个明确的角色：讲述品牌故事、创造对于某个产品或服务的迫切需求，最重要的是促使消费者沿着这个过程抵达购买点。因此，如果你是个大品牌，那你就让自己的广告充满独特的设计和材料，从而创建品牌印象；在产品上描绘吸引人的语言和图样以提升购买欲；最后你就引导消费者进入市场购买你的产品。要是某一个媒体能有效地做到以上三点，那么基本上就是成功的，而消费者就一摇一摆地到门店去买你想卖的东西。

这个进程的底部是购买，按照惯例是在实体店进行。门店的责任是在广告投放市场时做好准备。门店就是等着顾客争先恐后地上门。只要门店准备了足量的广告商品，同时店员具备一点点产品知识，那么他们需要做的事情就是处理销售事宜。这很简单。

媒体是通信站，门店是销售站。三百年的大部分时间里，这就是媒体和门店之间的工作动态。但是现在，在一个超联通的世界里，这样的购买渠道被颠倒过来，媒体逐渐变成门店。产品相关消息与顾客购买力之间立刻就无缝对接了。

现在，我可以在一份杂志中的交互式广告上直接买东西。我可以点击Facebook上的一则广告，然后自动程序就马上接下我的订单。我可以通过智能手机里的短信或是YouTube上的购物式广告直接买东西。我可以在智能电视的广告、电子游戏、带二维码的插播广告，甚至是一段声音或音乐上直接买东西。我可以在任何一种凡是你能想到的媒体上直接买东西！

媒体的作用不再只是号召人们去门店，跟以前不一样了。现在，媒体就是门店。由于这种新情况，我们正迈进一个崭新的电子商务时代。那些预测电商会继续沿着线性、增量式的发展道路前进的人没有关心重视这一点。因为一大波技术和创业公司即将把我们推入一个完全不同的全新的在线零售世界时代。设计师、技术专家、数学家、软件开发员、工程师和新一代超具企业家精神的零售商正在提升自己的技能以及对零售市场的关注。他们的目标是把网购变得更具试验性、更直观、更无形、更即时，甚至是人性化。

不仅媒体会更像门店，数字和实体很快也会难以区分。媒体不仅会做门店通常做的事，而且肯定会比门店做得更好！

我们不会再把电子商务看作我们做的事，而是认为它就是某件事。电商会时刻围绕着我们，参与度或存在度（acknowledgement）有深有浅。就像我们对于电流的感知一样，不久之后，电商的缺席比它的存在更能引起我们的注意。每个媒体、每个设备、每个表面（包括我们的身体）都会成为门店——要是我们希望如此的话。我们喜欢的东西都会近在咫尺，我们的大部分需求会自发实现。

我们所认识的门店不再是我们有意识去访问的实体空间、App 或网站。门店会时刻和我们在一起、围绕着我们，甚至出现在我们身上（通过植入式技术）。觉得这些听起来很牵强？再想想吧：这已经在发生了。

补给经济

2009 年，宝洁公司向它的广告代理简要指点了一种当时看来截然不同、略微激进的营销策略。这家公司在许多方面定义了自上而下的大众营销，正准备采用一种全新的营销方式，即门店回归（store-back）。简而言之，门店回归主要是关于这样一种看法，即任何一种营销创意都无法在购买点发挥效用，完全就不值得投资于此。宝洁认为，品牌与其花大价钱给虚无缥缈的消费者播送广告信息，还不如积极关注购物者，因为他们还差最后几步就走完购买路径了。

这种策略上的转变给营销世界发出了一个明确的信号，表明宝洁公司认为门店货架，而不是大众媒体渠道，是最关键的零售战场。总而言之，门店货架是唯一真正重要的东西。顾客走向产品之旅上的最后几步，至少在宝洁公司看来，是终极关键时刻。因此，宝洁公司没有以大规模媒体播放开始营销活动，而是认为所有好的创意都要先在货架上施行，先回归这个地方，然后再做别的。

然而，门店回归的运作是基于一个有误的假设：进入未来世界，我们会继续有意识地定期购买我们需要的大部分商品。实际上，在我们每天、每周、每月使用的产品中，很大一部分会从我们的意识中慢慢消退，转而由科技为我们下单购买。我们的房屋、汽车、器具、工作场所、宠物，甚至是我们自己的身体都会开始为我们做很多这些常规购买决策。不需要购买路径，沿途不需要营销的影响，在货架旁不需要考虑。这就是我所说的补给经济（replenishment economy），一种未来状态，届时传感器、设备和强大的分析能够处理我们每天、每周、每月的产品需求。它会让目前针对消费品的营销策略在十年内变得一文不值。

目前，地球上大概有 250 亿件互联设备。从个人技术（如智能手机、平板电脑、笔记本电脑和健康监测器之类的可穿戴设备）到为城市基础设施提供动力的传感器网络（如红绿灯、输电网络和闭路摄像机）无所不包。

一些业界人士，包括思科系统（Cisco Systems）总裁约翰·钱伯斯（John Chambers）都认为，在未来十年里，地球上联网设备的数量非常可能暴增到 5000 亿，囊括很多我们尚且无法想象的东西。他们预测一大批技术会在地球上形成技术的互联覆盖层，其中包括监测生命机能数据并将之传送给医疗服务人员的药片、机械植入器、测量和预测脱水或心力衰竭等生理条件的服装，甚至还有我们家中那些变成通信和商务智能互联门户的平面。现在还无生命的、未联网的、“不会说话”的场所和物体有可能变成我们生活中智能的沟通要素。所有这些都能够与我们、与它们依赖的供应商以及彼此之间进行通话，所有这些都由加速推进的云计算能力来支撑，云计算能力让这些设备能够获取不断增加的海量数据，拥有智慧和学习能力。

也就是说，这些技术中的每一项都会成为一个新顾客，能够根据需求来定时制定购买决策。它们将有能力决定哪些产品需要购买、何时购买，会根据即时、实时的数据来提议去哪里买这些产品最好，以及以什么价格去买。这些互联设备会形成一个人工智能层，其实就是我们的外置消费者大脑。我估计，到 2025 年，我们现在忙着做的消费决策中至少有 25% 会全部转交给科技去做。

我明白，这样描述的未来听着既奇怪又遥远。实际上，这场运动的种子已经生根。补给经济如今正在成形，完全不是科幻。

物联网

2015 年，亚马逊引入了一键购物按钮（Dash Buttons），就是简单的 Wi-Fi 互联设备，按照预定程序订购特定产品，这显然是通向那样一个未来所迈出的一步。比如说，把一个汰渍一键购物按钮放到你的洗衣房里，当你需要更多的洗衣粉时，就只要按下这个按钮，洗衣粉就买下了，并记入你的亚马逊 Prime 会员账号，然后就等着配送。亚马逊引入的一键购物按钮面向一系列常见家用产品，包括帮庭厨房用纸、吉列剃须刀和止汗膏，以及好奇纸尿裤，这些只是其中一部分。

不要看手指……要看手指的方向。

佚名

一些人马上就批评按钮的安装过程太麻烦了，其他人又抱怨产品选项不理想，还有人认为价格太高了。这些都是有理有据的批评。一键购物按钮谈不上完美。然而批评者好像没有看到，这项技术很可能会完全改变我们的购物方式。一键购物按钮是大胆之举，是亚马逊首次尝试颠覆和缩短整个购买路径。

亚马逊知道，很大一部分购买行为都是补给产品，我们多希望不必提醒自己一定要记得买，多希望不必从门店拉回家。要是亚马逊能够直接到达顾客家中的架子，而且把填满空架子的行为变得简单易行，那么它自然就能让所有竞争营销的影响力化为泡影。它基本上就是把所有竞争者的门路堵死了。

事实证明，一键购物按钮是一个更为宏大的思想平台，即一键补给服务（Dash Replenishment Service）中的第一步棋。这项野心勃勃的技术能把感应器直接安装在产品上，不需要用户参与就能触发补给订单！在引入这个平台时，亚马逊首次推出了能够再次自行订购替换滤芯的碧然德滤水壶。这个能连 Wi-Fi 的水壶比普通的碧然德滤水壶大约贵出一倍。从那以后，亚马逊扩充了一键补给服务适用的装置和产品，使其囊括兄弟墨盒、惠而浦（Whirlpool）和通用的洗衣机、烘干机，以及 Gmate 智能血糖仪。三星也致力于将一键补给服务纳入自己的很多产品中。

要是这些还不足以把零售商吓得魂飞魄散，那么亚马逊将更进一步，让一键补给服务变成了一个公开应用，让在亚马逊上卖东西的任何一家公司都能使用一键补给服务功能，允许这些公司直接在自家产品上摆弄和构建一键补给技术。

那么不妨花点时间设想一下这样一个超市，设想一下这个超市的中枢货架通道，想象一下补给经济能吞下的产品数量：洗衣粉、纸尿裤、狗粮、个人护理产品、清洁用品和牛奶，应有尽有。在一个拥有一键补给服务的世界里，亚马逊可能会成为普通超市全部货架的默认供货商，消费者根本就不必有意识地购买任何产品。

现在来设想一下，有那么一个仓储式家居装饰商店，里面装满了灯泡、壁挂炉过滤器、墙面板和游泳池用化学品。这些只是数千个可以联网自行补货的家用产品中的几种。想象一下一键补给服务适用的跑步鞋、自行车轮胎和网球。所有这些达到一定的使用程度时都能够自行补货。不久之后，数千件产品都会联上网，然后就能够自行补货。除了亚马逊的一键补给服务平台，各类产品厂商一定会开始将物联网技术植入自己的产品，从而促进直接面向消费者的补货服务。因此，我们有理由推测，我们生活中的大部分产品最终在使用时至少会呈现一定程度的互联、智能和自行补货的能力。

这个新情况给营销人员带来了一个很有意思的难题。你怎样把洗衣粉卖给一个按照既定程序只认某个牌子的人工智能机器？如果你是百威啤酒，而放在冰箱里的传感器按照既定程序补充科罗娜啤酒，那你如何迎合这枚传感器的味蕾呢？如果你是新百伦，而顾客穿的耐克跑鞋能在达到一定的使用程度时再订购新一代跑鞋，那你如何争取这些顾客呢？如果你是乐购、沃尔玛或塔吉特，当亚马逊的一键补给服务存在于世界上大多数产品上时，你如何能拥有这个市场的一小部分？当购买这些产品的消费者不再亲自购物时，你如何争取这些顾客呢？

宝洁公司的门店回归法又如何呢？要是消费者不必再穿过洗涤剂货架通

道，摆在这些通道上的营销广告就会变得寂静无声，就像一棵树在林中倒下却无人在场听到。店内推销、优惠券吊牌、端架、促销箱、购买点展示、货架边缘视频和其他传统促销手段几乎吸引不了那数百件负责管理我们日常生活的消费设备，它们是联网的、不带感情的。

各类产品的营销人员不久之后就得思考一个非常令人不安的问题：购买路径都不复存在了，他们如何向消费者推销产品？

9

经过人工加糖的未来

假设你生活在某个发达的消费市场里，你肯定见过聊天机器人（chatbot）。这是一种交互式人工智能程序，通过自然语言处理程序，利用云端数据实时回应问题和对话。如果你打电话给一家公司，接电话的是自动话务员，然后问你一系列问题来引导你的呼叫操作，这就是一个初级聊天机器人。

虽然“聊天机器人”这个词比较新，但是与电脑对话这个概念却不是新的，已经有数十年历史了。电影和电视节目，如《星际迷航》《2001 太空漫游》和《霹雳游侠》都是利用了人类与生俱来对于赋予科技人性的欲望。然而直到最近，与科技产品进行自然对话的能力还是有限的。有些人曾经被逼得怒骂那些听不懂他们在说什么的自动电话系统，这些人会知道我的意思。但是在处理速度、云计算和自然语言处理方面的最新突破为公司提供了大量机会，让它们能开始利用聊天机器人来实现更复杂的功能和应用。

聊天机器人也许无法将所有 1-800 呼叫中心都淘汰掉，起码短期内做不到。大多数情况下，它们只是客服体验的前线，缩短客户参与的等待时间，并对初始问询进行分类。另外，非常重要的是机器人也会从这些互动中捕捉数据，并编入索引，最终挖掘出有价值的数据。

随着时间的推移，机器人变得越来越复杂，因而人与机器人的差别很可能会淡化。正如优步的开发者体验领导人（Developer Experience Lead）克里斯·梅西纳（Chris Messina）最近所说的："对话是否由人、机器人或是二者结合的产物来提供，我对此事不怎么感兴趣。要是我将这些词汇互换着使用，也并非无意之举。只是因为随着时间的不断推移，电脑驱动的机器人会变得越来越像人，以至于用户无法察觉到不同之处，而且还会以大致相同的互动模式与真人代表或电脑机器人进行互动。"

梅西纳的意思是很有可能用不了多长时间，这些代码串就看起来像真人操作员了。这一概念通常叫作图灵测试（Turing Test）。这一测试是在20世纪50年代由阿兰·图灵（Alan Turing）开发出来的。他是一位电脑程序员，他的工作成为2014年电影《模拟游戏》（*The Imitation Game*）的主题。图灵测试提出的理论是，用户跟人工智能程序互动了5分钟，如果之后无法分辨与自己对话的是真人还是电脑，那么该技术就通过测试。这项技术所呈现的智能基本上与真人无异。

一说就得到

微软小冰（Xiaoice）是中国非常受欢迎的名人之一。每一天，都会有几百万中国年轻人联上她来分享自己的照片和故事，甚至是最私密的生活细节，包括事业起落和人际关系。对一些人来说，微软小冰是哭泣时倚靠的肩膀；对另一些人来说，她是值得信赖的密友。有些人甚至会向她示爱。微软小冰会回应他们的爱，记住她的每一个粉丝以及他们的个人情况。她会经常提及早前对话中说到的生活事件，而且定期问问她的朋友们心情如何、过得怎样。她甚至为自己谋得了一份工作，就是在中国一个大型的日报网站上播报天气。

她很聪明、能感同身受、会体谅人，而且还有种奇特的幽默感。其实，微软小冰真的只有一个看得出来的缺点：她不是真的。没错。她是一个交互式人工智能程序，也就是常说的聊天机器人，是由微软开发出来的。

微软小冰最初是一场微软黑客马拉松的产物，后来成为微软探究人类如何与人工智能交互时的中心人物。微软小冰在数十亿在线对话中挖掘有价值的场景，这样就能逐渐以最佳方式回应不同用户的问询、应对不同情境。微软全球资深副总裁王永东说："我们现在能够断言，微软小冰已进入自主学习和自主成长的循环。她只会变得更好。"

随着机器人奔向图灵阈限，似乎必然发生的事情是它们很快就会过界，届时它们就不再像我们所想的那样只是一个个软件，而是变得更像知己密友，对我们有求必应。

零售的未来还口反击

Facebook 是其中一家已将聊天机器人的角色扩展到呼叫中心以外的社交网络。2016 年 4 月，在该公司于旧金山召开的 F8 开发者会议上，公司 CEO 马克·扎克伯格宣布，Facebook 网络会协助品牌在其快速发展的飞书信（Messenger）平台上创建聊天机器人。这一举措将允许企业利用飞书信来助推客户服务、电商销售和众多其他服务。

Facebook 的公告清楚地表明了该公司坚信的两个重大观点：第一，信息传送很快会成为主要的在线通信方式；第二，聊天机器人终将成为占主导地位的人机沟通模式。Facebook 这样做的依据是，早在 2015 年通信应用程序就在手机端月活跃用户量上超过了社交网络，而且还将超过电子邮件。WhatsApp、Facebook 飞书信、微信和韦伯（Viber）现在每月吸引的用户量超过 Facebook、领英、Twitter 和 Instagram。社交网络正逐渐演变成聊天网络。

信息应用也能让品牌在传送的内容上有相当大的自由度。除了文字信息之外，现在还可以给购物者发送视频、图像、交互式内容和支付平台。信息应用的即时性及其基于线索、归档的模式使之成为操作简便又非常高效的通信方式。

拓展聊天机器人的状态和角色也满足了 Facebook 更广泛的商业抱负。社交网络拼命想让 B2C 关系超越温和的“赞”和“转发”而实现更加直接的商务，目的是让品牌更好地在 Facebook 上卖东西。据 Facebook 所说，飞书信让品牌能够直接、即时而且可以说是在用户拥有最强购买意愿的时刻，联上拥有 9 亿用户的庞大用户群——当然，所有这些都没有离开 Facebook 的领域。

在机器人世界，Facebook 的公告就像打开了防洪水闸，拉开了一个日益发展的局面，也就是机器人能够提供一大堆服务。Facebook 发布此公告仅两个月后，就已经有 11 000 个机器人在飞书信上运行了。而且，已有超过 40 亿美元花在了机器人经济领域内。

对于购物者来说，这意味着不必下载某个品牌的应用或访问该品牌的网站，只要打开 Facebook 飞书信，在搜索栏里输入品牌名称，马上就能联上一个聊天机器人。然后机器人就会引导对话，通过一系列简单问题来帮助购物者缩小选择范围。在此过程中，机器人还能提供看起来最符合某个个体消费者需求的备选选项。

正如人们所预料的那样，品牌急着在 Facebook 构建由机器人推动的体验。很多知名品牌迅速加入，其中有美国运通、美国银行、汉堡王、易趣和 StubHub，其他品牌也在快速跟进。比如说，清至（Trident）口香糖、吉百利（Cadbury）巧克力等零食的制造商亿滋公司（Mondelez）设想，当你想要其中的一个产品时，你只要在 Facebook 飞书信的搜索栏里输入产品名称，就会马上联上一个订货机器人。也就是说，如果你想要更多的奥利奥，只需要在飞书信上说或输入“奥利奥”，然后奥利奥就来了！美国运通的一则产品演示是这样的：在线购买了一张飞纽约机票的顾客稍后会通过飞书信收到一个机器人发送的通知，附带一张候机休息室入场券、机场地图和纽约餐馆推荐。机器人基本上变成了各式人工智能礼宾员。

个性化数字助理

在 2013 年出版的《零售业复兴》（*The Retail Revival*）一书中，我描述了一个不太遥远的未来，那时我们中的每一个人作为消费者，都要利用虚拟数字助理时时提供的帮助。我所说的这些助理不仅会预测我们的购物需求，还会根据我们的偏好、人际关系、地理位置、预算及其他考量来提出智能推荐以实现我们的需求。它们最终甚至会为我们进行交易、管理运输和派送事宜，而我们不用过多干预，可能要做的就是最后批准通过。我也相信，我们最后会选择支持某个可信的供应商，不管是苹果、谷歌、亚马逊还是其他公司，这样做的话就是打开了闸门，而激励这些助理充分发挥潜力所需的数据、消息和个人信息就会喷涌而出。照我看来，这些虚拟助理会成为我们消费生活中时刻存在的中心，成为永恒不变的、可信赖的同伴。我们可能还会对它们产生一种人类间的情感依恋。

那时候，很多人觉得对于未来的这种反乌托邦式设想至少可以说是有抱负的，或者完全就是妄想。我承认，这种反应可以理解。苹果的 Siri 语音助手刚推出时，多数人认为它在方向上鼓舞人心，但是在功能上有很大的缺陷，特别是在自然语音识别方面。谷歌的人工智能，名为即时资讯（Now），于 2012 年 7 月问世，能力还十分有限。在早期阶段，这项工作的大部分内容充其量很容易被认为也就是试验性的。

我和其他人则认为，人工智能显然有可能重塑我们与科技的关系。实际上，人工智能的发展速度比我们大多数人想象得要快。未来主义者雷·库兹韦尔（Ray Kurzweil）认为，最早到2029年，电脑展现出的认知能力会高于全人类认知能力的总和。人工智能几乎会渗透我们日常生活的方方面面。从我们口袋中的设备到我们坐的车，甚至是汽车行驶的道路——你能想到的所有东西差不多都会联网并拥有某种程度的智能。

因此，这样一种想法，即我们会开始使用和依赖我们的科技并视之为可靠的助理，不再只是猜测而已。数字助理不仅是一个事实，而且在很多人眼中还是在线互动方面的下一个大飞跃，可能比始于1973年的图形用户界面还要意义重大。微软CEO萨蒂亚·纳德拉（Satya Nadella）认为，人类站在"一个新前沿的顶端，这个前沿把自然人类语言的伟力与先进的机器智能配成对"。

现在的很多聊天机器人是基于相对有限的人工智能形式，为了应付特定的问题或任务，但是很多公司和创业公司争相创建所谓的通用人工智能（artificial general intelligence, AGI），可以让数字助理掌握更多的话题、功能和用途。其实，自2011年以来，谷歌、IBM、雅虎、英特尔、苹果和一些其他公司已经收购了超过30家投身先进人工智能领域的公司。光是谷歌就收购了9家！

聊天机器人和数字助理的出现带领我们走出了电子商务时代、迈入了对话式商务时代（c-commerce era-conversational commerce）。苹果的Siri、微软的科塔娜（Cortana）、谷歌的即时资讯和亚马逊的Alexa都在争当主要的数字助理品牌。在对话式的现实情况中，我们只是说出需求就能得到满足。

迄今为止，在这方面极为引人注目的一个例子是亚马逊的回声（Echo），这是在2015年投放大众市场的一台设备，乍一看像是一个雅致的蓝牙播放器。

但是，这个设备运行于亚马逊所说的 Alexa 语音服务，所以有很多功能。人们可以要求 Alexa 做很多事，从提供新闻和信息到控制家中与她连接的设备，如恒温器和灯光。

此外，当然也没什么好惊讶的，回声能在购物清单上添加产品，还能直接在（你猜到了）亚马逊上下单。实际上，这些操作非常简单。只要让 Alexa 帮你订购任何一种给定的产品就行了，比如说，笔。她会首先浏览你之前的订单来寻找匹配的产品。当她找到最符合你需求的产品时，她就会提出建议。她可能会说："比克，Round Stic 圆珠笔超顺滑。"然后她会告诉你这件产品的价格是多少，询问这是不是你想买的。只要说是，就下单了，按照已经保存的支付方式来付款，寄往账户上的地址。搞定！

到 2015 年中，亚马逊让回声的颠覆性变得更加强大：亚马逊推出了"技能工具包"，允许第三方开发者在回声上添加新功能，让自己的产品由回声的 Alexa 语音服务进行管理。亚马逊公司还创建了所谓的 Alexa 基金，这个 1 亿美元的资金储备面向所有在语音技术如何能改善消费者生活、充分利用 Alexa 语音服务这一问题上有创新思路的人。就像亚马逊所做的其他事情一样，它再次利用网络效应极其迅速地扩大了 Alexa 语音服务的规模。

然而，对于 Alexa、Siri 和其他类似技术来说，助推我们已知的、明确的消费需求只是第一步。不久之后，大量基于云端的用户数据汇总会提供足量的用户历史和相关知识，因而数字助理就善于预测我们很可能需要或想要什么。这些推荐会考虑到我们生活的很多方面：我们在哪里、我们和谁在一起、我们在做什么，以及我们已知的好恶。它们会推荐最能满足我们需求的酒店、我们会喜欢的餐厅，以及很可能会吸引我们的娱乐方式。它们会找出我们喜爱的优惠活动，尽可能使用我们的忠诚点数，甚至还能管理我们的家庭预算。

而我们会像信任家庭成员那样信任它们。可能还有更多。

> 人工智能将在 2029 年左右达到人类智力的水平。再进一步，比如说，到 2045 年，我们将会把智能技术以及人类文明所创造的生物机器智能的能力扩大 10 亿倍。
>
> **雷·库兹韦尔**

但是，消费者不觉得所有这些事都很诡异吗？并不怎么诡异。实际上，“70% 的美国千禧一代和 62% 的英国千禧一代很欣赏利用人工智能技术做出更多有趣产品的品牌或零售商；这两群人中分别有 72% 和 64% 认为，随着科技发展，使用人工智能的品牌能够准确预测自己的想法。”

显然，人工智能已发展为苹果、谷歌、亚马逊、微软等公司的主战场。谁能创造出最深奥、最熟练、最具有预见能力，并提供最佳用户体验的人工智能，谁实际上就掌握了开启未来门店的钥匙。

这个情况引发了几个关键问题。我们的生活中有按需补充日常用品的设备，也有预测我们情境性即时需求的数字助理，那么我们还用再去门店吗？就算我们要去，那么门店需要是实体的吗？

10

虚拟体验

帕尔默·拉奇（Palmer Luckey）在青少年时期显露出一种奇技，就是能够熟练修改和提升游戏系统及硬件的性能。他经常捣鼓修补活计，从易趣上买来坏掉的智能手机，修好后再卖掉，以此赚些外快。在这个过程中，他也逐渐痴迷于 VR 技术及其能让电子游戏更拟真、更具试验性的潜力。

他对当前 VR 硬件的有限能力感到失望，于是开始购买退役的军式 VR 装置，并且进行微调以提升其功能。2009 到 2011 年，他在加州州立大学就读的同时，还在南加州大学的创意技术学院实习。就是在那里，他反复捣鼓出一个设备的若干版本，这个设备就是他所说的奥克卢斯（Oculus）。到 2012 年，他把父母位于长岛的车库当作实验室，将廉价接目镜、移动技术和一个较小的头戴式耳机设计结合起来，开发出众多人眼中该领域的一个突破性进展的原型。

奥克卢斯引起游戏创业者布伦丹·艾瑞比（Brendan Iribe）的注意。2012 年，拉奇、艾瑞比和一小群伙伴在 Kickstarter 网站上发起众筹，想要为该技术的进一步发展募集资金。最初的目标是募集 50 万美元，后来降回 25 万美元，因为拉奇觉得要得太多，内心惴惴不安。为了助推这场活动，他们为捐出 300 美元或以上的人提供这项技术的一个开发者版本。他们都没想到，众筹活动募集到了惊人的 240 万美元——是目标金额的近十倍。奥克卢斯不仅有经费了，而且还拥有了充足的发展资金。

同时，拉奇的发明也让另一位年轻的技术企业家为之神往——此人在 10 年前开办了一家相当成功的创业公司，正在寻找下一个大平台让该企业发展壮大。和帕尔默·拉奇一样，马克·扎克伯格也相信 VR 有可能重塑在线内容的未来。以至于 2015 年 3 月 25 日，Facebook 公布了最终协议，要收购奥克卢斯公司，为此付出现金和股票共计 20 亿美元。拉奇在短短 6 年内从车库里的技术迷变成了亿万富翁。

在公布这项交易时，扎克伯格坚称自己始终相信 VR 是在线体验的未来。他认识到，游戏显然是这一技术的切入点，并接着说道：

- 但这只是开始。继游戏上的运用之后，我们要把奥克卢斯打造成一个适用于众多其他体验的平台。试想一下这样的场景：坐享比赛场地第一排的位置、在汇聚了世界各地学生和老师的教室里学习，或是面对面咨询医生——只要在家中戴上 VR 眼镜就能实现。
- 这确实是一个崭新的通信平台。身临其境之感让你得以与身边的人分享无限的空间和体验。试想一下，你能与线上朋友分享的不仅仅是新鲜事，而是全部体验和奇遇。

试想一下这样的世界：在那里你可以带上朋友去世界上任何一家商店购物。在这个世界里，门店这一概念和我们购物的方式都会被重新改写。你可以在虚拟环境中参观名人的家，还可以看看他们的衣柜、酒窖和冰箱，并可以马上买下在那里看到的东西。在这个世界里，你可以看、闻、听身边的人、场所和事物。这是一个改变了的现实世界，身处其中可以自然地跟制造商和

正在使用中的奥克卢斯 Rift VR 头戴式显示设备。

品牌代表交流，即使他们碰巧说不同的语言也无妨，有实时翻译！设想一下，你可以让自己置身于这样一个地方，在那里，数字和实体的界限会化为乌有、不再重要。这就是 VR 购物的未来。

这一未来的开拓先锋之一是阿米尔·鲁宾（Amir Rubin）。他是 Sixense 的联合创始人兼 CEO，是虚拟和增强现实体验领域的一位早期开发者。鲁宾最早开始搞 VR 技术时，帕默尔·拉奇才刚开始能吃固体食物。他是资深老手，却依然保持着对 VR 潜在价值的狂热。

他的 VR 初体验要追溯到 1994 年，那时他开始参与创建为美国和以色列军队设计的 VR 模拟，如今洛克希德·马丁（Lockheed Martin）等公司仍在使用这种模型。鲁宾开发出极其生动逼真的情境，涵盖各种对战场景，让战士们能够稳妥地演练用以应对凶险战场的技能。他相信，那些拟真时刻会颠覆我们学习技术、与技术互动并最终受益于技术的方式。

但是时机就是一切。直到10多年后，他才找到主流商业利益。2007年，鲁宾和一位合伙人，即漫威影业（Marvel Studios）的前CEO阿维·阿拉德（Avi Arad）看到第一代任天堂Wii游戏机有人用了。那一刻，他们两人都明白，世界已经准备好接受VR能提供的拟真体验。就是在那时他们共同创立了Sixense，目标是要创建与现实几乎无差别的逼真体验。鲁宾和其他VR技术人员把这种高度逼真感叫作存在感（presence）——你毫无疑问且发自肺腑地觉得自己身处的环境在各方面都是真实的。

重塑电商体验

说了VR体验的新颖之处，那么VR购物有没有商业价值？其实是有的。想想看，当前的在线购物伴随着超高的退货率。光是在英国，在线退货每年会让零售商损失近200亿英镑。2014年，在美国的退货总量占零售销售总量的8.89%，销售额损失超过2800亿美元——这一数字还会随着电商发展而升高。正是这些退货，而不是其他东西，不断轰击纯电商的盈亏底线，并质疑纯电商的长期可行性。

这一问题的大部分原因是购物者在收货之前必然无法完全了解自己在网上买的是什么。VR可以填补这种体验上的空白，因为VR能让购物者在购买之前就对产品进行体验，而不是单纯依靠文字描述、图片或视频来判断。鲁宾认为“人们应该回到美好的往日”。他继续说道：“那时候你买一件产品前能试用一下。”在鲁宾看来：“VR能让消费者对自己购买行为的自信感上升到一个新的水平——这是他们现在在网购时得不到的。”

鲁宾描述了他的公司最近为一家无人机制造商设计的一种虚拟体验。这一体验能让购物者试飞各种无人机模型，而且是在不同的模拟条件下进行的，例如室内和室外或无风和有风的条件。这种身临其境的亲身体验，再加上复制不同用户环境的能力，让购物者在购买之前就可以真切了解到他们要买的东西。结果，如你所知，这家无人机制造商的销售额和顾客满意度都提升了。

企业可以让购物者能以一种全新且更逼真的方式体验自己的产品和服务，这大大提升了 VR 领域的实验水平。比如说，万豪酒店最近启动了虚拟客房服务（VRoom Service），这是与三星合作的一项新企划。在万豪手机 App 上，这一连锁酒店品牌的顾客可以要求酒店送一台头戴式 VR 设备到他们的房间。送来的头戴式设备事先下载有三张 VR 明信片，也就是专门摄制的游记，生动展现了卢旺达、安第斯山顶峰等奇特之地。顾客可以从万豪酒店客房的舒适环境前往虚拟环境下的奇特目的地。在每一张明信片里，用户身边都有一位真实的旅行者，分享与他们所涉足之地有关的亲身经历。把这种体验与点击旅游网站上一系列静止图片的体验比较起来，你就能够明白为什么旅游业是率先采用 VR 的行业之一。

在汽车市场，奢侈品牌奥迪与三星联手，在伦敦的奥迪城市（Audi City）旗舰展厅启动虚拟试驾。这一体验让对新款奥迪 TT 感兴趣的顾客有机会进行虚拟驾驶，在奥迪 TT 设计者尤尔根·勒夫勒（Jürgen Lōffler）设计的赛道上左右急转，同时看、听和感受这辆车。将这一体验与你上一次沉闷的试驾体验对比一下，你就明白了为什么其他汽车制造商，如沃尔沃也跟着推出了自己的虚拟试驾。

2016 年，通用汽车旗下的奢侈品牌凯迪拉克大胆向前迈进，宣布会将自己的一些实体经销商转换成虚拟的。这项名为尖峰项目（Project Pinnacle）

劳氏（Lowe's）HoloRoom VR 设计空间。

的计划让代理商能够展示多种样式的汽车却不必拥有巨大的实体库存——这笔花费一直是汽车经销商的沉重负担。购物者可以在虚拟环境中了解车辆，甚至进行试驾。然后，他们一旦缩小了选择范围，就可以去开相同品牌和型号的实体试驾车。

与此同时，在澳大利亚，易趣和百货商店品牌梅尔（Myer）合作，利用易趣所说的视觉搜索（Sight Search）功能开发出一种虚拟购物体验。用户只要尝试着在虚拟环境中把目光放在某些产品上，就能浏览商店内可供选择的产品，并收到大量相关的产品信息和视觉媒体。

渐渐地，品牌和零售商意识到 VR 不仅可以提升实际体验，还可能取代实际体验，这更加令人担忧。Marxent 的 CEO 贝克·贝萨克（Beck Besecker）是面向用户的 VR 体验开发这个领域的一位领军人物。他认为，科技在以令人目眩的速度前进。他的公司为重点零售项目筹划 VR 体验，如为劳氏家居装饰打造 VR 厨房和卫浴创新系统，即 HoloRoom。他认为，不久之后，几乎所有公司都将拥有相关工具来制作自己的 VR 内容。“就像苹果让人们能够开发 App，我们认为人们将能够开发 VR 体验。”他说道。

与 VR 相关的用户体验也会越来越逼真，因为我们用于体验的设备更加强大和优化。鲁宾预计到 2020 年市场上至少会有 10 亿台 VR 设备。他认为，这些设备将能够以更高水平的内容分析能力来运行，因此能传送更加逼真的图像和体验——这些体验几乎与现实无异。

美妙震颤

迥然不同于当前孤零零的点选式电商体验，不久之后，我们就能把自己和朋友们送到任何想去的购物场所。我们会开始虚拟假期，然后把真实的产品带回家。我们会与虚拟销售人员互动。他们会把无数种产品拿出来，让我们先试后买。要是研究 VR 中触觉体验的凯瑟琳·库亨贝克（Katherine Kuchenbecker）参与其中，那么我们也就能触摸和感受到虚拟世界中的每一件产品了。

库亨贝克是宾州州立大学机械工程副教授。她和她的研究团队用近十年的时间研发出了一种技术，她称之为触觉反馈技术（haptography），即触觉的摄影术（haptic photography）。她解释道：“我们记录下人们触摸真实物体时的感受，无论他们是点击实体按钮还是在实体材质上拖动工具，然后用我们设计出的电脑程序来分析这种感受，并将之提取到这一触摸体验的本质中。”因此，通过创建不同材料、物体和表面的触觉记录，就能将这些东西的特性转化成震动效果，可以通过特制的触针感知。

有个范例是用一台设备来捕捉一块帆布的独特触感，然后将之转化成一

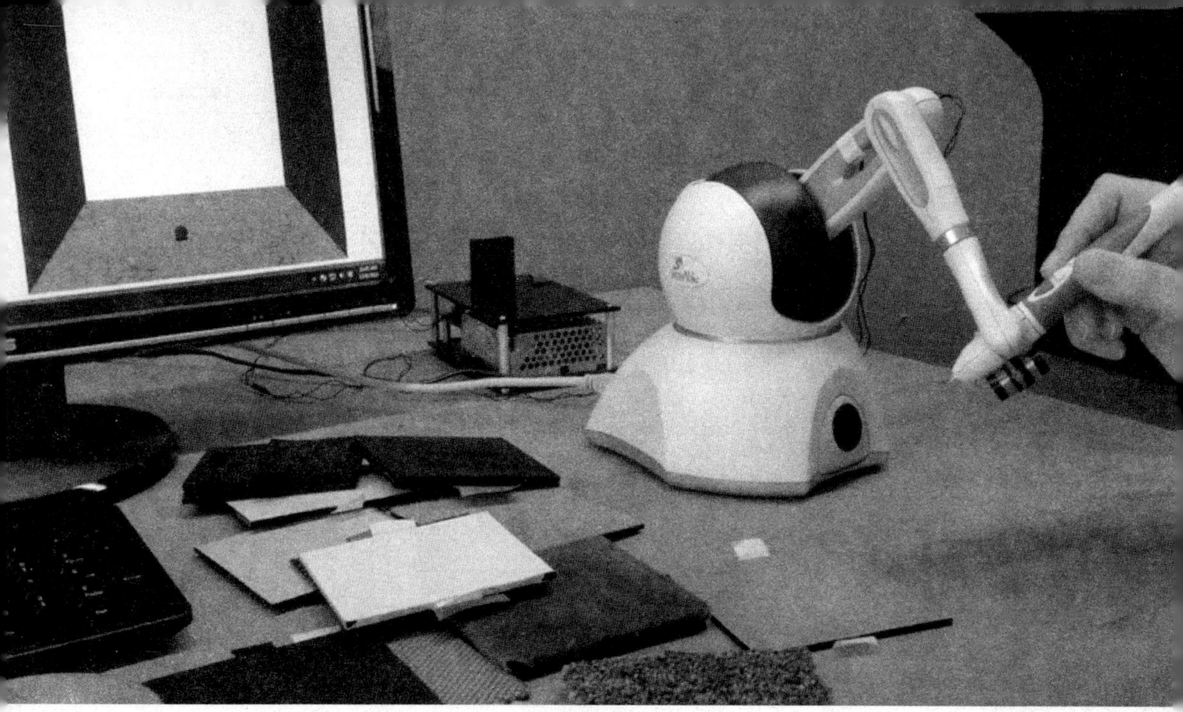

触觉反馈设备让用户能够复制 3D 虚拟物体的触感。

个数学模型编入电脑中。当你在电脑的触控垫上移动特制的触针，传输出的震动就能再现帆布的触感。在另一个例子中，库亨贝克及其团队也采用类似的步骤，让牙科学生能够精确模拟用牙科仪器触碰牙齿表面不同硬度时的感觉，以此练习探测牙齿的龋洞。其他的例子包括穿戴能够记录触觉反馈的特制手套和其他穿戴式设备。

在 2013 年的一场 TED 演讲中，库亨贝克详述了触觉反馈技术的许多潜在运用，其中主要的就是在线购物。她指出，无法触摸和感受我们网购的产品从一开始就是电商领域极为严重的一个缺点，特别影响服装和家具这两类产品。我们知道，织品和其他材料的触感极大影响着我们的决策过程以及最终的产品满意度，而无法触摸这些产品，特别是衣物，就导致了极高的退货率。但试想一下，你安坐在家中，同时在米兰的一家高档家具店进行虚拟购物，不仅能看到产品、跟销售人员对话，还能伸手去触摸你想买的产品。想想看，对于自己的购买决定，你的信心得增加多少啊。

我问库亨贝克，她眼中这一技术的理想未来是怎样的。她相当淡定地说："下一步是去掉触针。"她希望触摸和感受的自然本能可以直接合并到我们用来上网的设备和平台上，这样我们就能触摸和感觉到虚拟事物。因此，要是你觉得现在的亚马逊沉闷枯燥，那不妨设想一下，将来亚马逊不再是一个电子目录，而是变成你可以涉足的浩瀚虚拟世界。在那里，你可以看见、感受地表上的所有产品，并与之互动。在这样的情况下，你就可以在购买产品前先试用了。

大卫·爱德华兹闻一闻

宾州州立大学距离哈佛大学并不远。同样，无须智力大飞跃就能想得到，如果我们很快就能触摸和感觉到我们在网上看到的东西，那么我们也可以感知它们其他的特质。大卫·爱德华兹（David Edwards）教授的职业是生物医学工程师，他也认为未来会是这样。实际上，为了实现这个设想，他于2014年着手开发了一项名为oPhone的技术。oPhone是一个小型互联设备，要配合手机应用oSnap来使用，让用户能够发送和接收一系列单一或复合型气味短信（oNotes）。爱德华兹的最终目标是要创建他所说的气味版iTunes，里面的书籍、音乐、媒体和其他内容会加入嗅觉信息。

不难想象这个设备会引发的各种恶劣笑料，但人们也不禁开始思索更为严肃的商业运用。要这样做的话，我们首先要理解气味在消费生活中扮演的角色。

我们鼻子中的气味感受器数量大概只有犬科动物朋友的一半，但是我们对于周围世界的想法、感觉和理解很大部分与我们的嗅觉能力关系密切。实际上，我们对于人、场所和事物的最深刻记忆往往主要依靠气味，而不是其他感官。也就是说，某个事物的形象和声音消退很久之后，它的气味可能还徘徊在我们最深的记忆中。

想一下早晨所煮咖啡的香气、秋天焚烧树叶的气味或者新车的气息，就会明白我们的鼻子知道多少东西。这并非偶然。实际上，这是生理构造上的一个奇迹，对于我们成功成为一个物种发挥了作用。科学解释是这样的："大脑边缘系统是由大脑内的一组结构构成，科学家认为这组结构在控制情绪、记忆、行为和感情方面扮演着重要的角色。通常认为这是大脑中古老的或原始的部分，因为这样的结构存在于最早出现的哺乳动物的大脑中。了解这些能帮助我们理解为什么气味对于记忆、情绪和感情如此重要。"

嗅觉深刻影响着我们的感知能力，因此嗅觉也大大影响了我们所做的选择，从我们吃饭的餐厅到我们买的车，再到我们选为配偶的人。

爱德华兹坦承这项技术仍处于初生期，但依然坚信气味会变成可以传送的信息，就像其他数据一样。在《纽约客》杂志的一次采访中，爱德华兹说："现在没有人凌晨 3 点起来说，'我真想发一条气味短信。'但总有一天他们会的。"

人们不禁要问，要是我们不仅能看见和感觉产品，还能闻到它们，那么在线购物体验会有多强大？试想一下，你在网上下单前可以闻闻想买的皮沙发或是各种酒香样品。气味很可能是让某个产品或企业比竞争对手有优势的终极数字内容。

11 一种全新的形势

澳大利亚罗兹市（Rhodes）的居民紧张不安。这个安静的悉尼郊区挤满了外来者。一位居民说：“这个地方简直一团糟，每晚挤进来上千个人。下半夜噪音超大，还有失控的交通、过量的垃圾、抽烟的人、喝醉的人、就地‘露营’的人，甚至还有兜售手机充电器的人。”这个问题太严重了，所以罗兹市所在的政府管辖区加拿大湾（Canada Bay）的市长海伦·麦卡弗里（Helen McCaffrey）不得不增加巡逻人员，安排额外的垃圾收集服务。据报道，警察不得不驱散人群，警告说对不服从命令者将会以街头滞留罪开200澳币[①]的罚单。

罗兹市似乎深陷危机。但是与你所想的相反，罗兹市出现的问题并不是源于经济纷争或社会动乱，也不是由于城市衰败或毒品交易。造成罗兹市每晚灾难的是精灵宝可梦GO（俗称“口袋妖怪”，Pokémon GO）。这是史诗般的精灵宝可梦系列中主要依靠科技来实现的营收项目。精灵宝可梦系列源于1996年，囊括玩具、电子游戏、电视节目、游戏卡片等。这个与地理位置相关的游戏会引领玩家，也就是他们所说的“训练师”，去寻找、捕捉、收集，

① 1澳元≈4.816 6元人民币。——译者注

甚至交易名为精灵宝可梦的虚拟生物。

说精灵宝可梦 GO 风靡一时并不恰当，它无异于一场全球狂热。到 2016 年 7 月，调查公司 SimilarWebd 报告指出，精灵宝可梦 GO 的每日安卓手机应用用户量超过 Twitter，很快会追上 Snapchat。玩家平均每天花 43 分钟来玩精灵宝可梦 GO——超过用 WhatsApp、Instagram、Snapchat 的时间。社交媒体公司 Spredfast 指出，在发布日之后的一周里，精灵宝可梦 GO 引起的推文比英国公投脱欧那一周引起的推文还要多。到 7 月末，苹果公司证实，精灵宝可梦 GO 的首周下载量比史上任何一款应用都要多。

原来是因为罗兹市这一小块地方处于三个高产精灵驿站的交叉点，驿站中有数百只虚拟生物，其中有很多非常罕见。因此，玩家们每天成群结队地冲向这个社区，想要捉住神出鬼没的猎物，同时却给罗兹市的居民带来了麻烦。

你可能要问，这究竟跟零售的未来有什么关系。事实证明，关系很大。因为精灵宝可梦 GO 不只是一个非常成功的游戏，而且还设法做成了其他应用没有做到的事。它将增强现实（AR）技术带给了全球范围内的大众消费者。

用最简单的话来说，AR 让我们能够将数字内容叠加在周围的实体世界上。虽然 VR 抢占了最近的头条新闻，但是很多人认为，VR 的近亲 AR 会对消费者产生更为深刻的影响。预计 AR 最早会在 2020 年变成一个价值 900 亿美元的市场。

早在 2009 年，我就开始关注 Layar 和 Blippar 之类的公司，以及它们如何让品牌和零售商利用 VR 技术。宜家利用这项技术让用户在自己家里就能看到目录册里的产品是怎样的。乐高利用 VR 向店里的小朋友展示盒装乐高系列里有什么东西。建材制造商利用 VR 让购物者看到新产品叠加于当前场所和平面的效果。AR 已经证明了自己能为各式场景增加大量价值。因此，品牌和技术

神奇飞跃（Magic Leap）公司的混合现实技术展现出在体育馆内一跃而起的鲸鱼。

人员进行了 AR 试验近十年，但是需要精灵宝可梦 GO 来将 AR 一举推入消费意识的重心。

冒险一跃

业内没有一家公司能在制造神秘、吸引媒体或招揽风投上超过神奇飞跃公司。该公司创立于 2010 年，形容自己是一个“能够让你无缝结合和体验数字与实体生活的运算平台”。

AR 技术只是在一台设备上生成数字内容，然后通过该设备的摄像头把内容叠加到实体世界。神奇飞跃则不同，该公司运用的是其创始人罗尼·阿博维茨（Rony Abovitz）所说的混合现实（MR）技术。MR 利用光场技术，就是制作全息影像所采用的技术，把数字输入通过眼睛传递到大脑，诱使大脑相信看到的东西是真的。根本上讲，MR 把你的大脑变成计算机处理器，以此传送堪比影片的体验，这是前所未见的。其实，神奇飞跃开发出了一种方法，可以通过大脑将全息图像直接传送给用户。

该公司在2015年名声大噪，因为它发布了一个概念演示视频，画面中有个学校体育馆，里面坐满了孩子。一头原尺寸大小的鲸鱼突然冲破体育馆的地板，一跃20英尺[①]高，然后全速向下冲，溅起大量水花！不用说，视频中的学生和观看视频的人都惊呆了。

神奇飞跃的投资者名单中有许多一线公司，其中包括阿里巴巴、谷歌、高通、安德森-霍洛维茨和华纳兄弟。如果说资本投资可以代表某个技术或市场的可感知潜能，那么值得注意的是，神奇飞跃已经筹集了近40亿美元，而且到2016年末还要推出一款产品。即便如此，很多人认为，它的技术有可能带来一个与互联网本身同样重要的技术突破。

该公司对其最终产品的样子是出了名的讳莫如深，但是全世界的科技专栏作家都试图通过关注该公司的公告、专利申请和高管聘用的蛛丝马迹，然后拼凑出一点内部情况。一位科技媒体撰稿人认为，它很可能“是增强版的谷歌眼镜，能将电脑成像和现实世界无缝结合。是一个头戴式显示器，配备光导纤维投影仪、超棒的镜头和一大堆摄像头。是你会信以为真的VR”。

若想稍微了解一下神奇飞跃可能给在线体验带来的变化有多大，只要看看该公司近期专利申请的关键点就行了：

- 除了眼镜和小口袋包之外不需要任何实体电脑或设备；
- 虚拟控制器的使用会减少对于实体控制器的需求。键盘和其他界面可以出现在用户想让它出现的地方；
- 映射技术使虚拟物体得以置于现实空间；
- 朋友、亲人和其他人可以出现在房间里，跟你在一起，从而使互动课堂、研讨会或其他社交体验成为可能。你会看见他们，他们也会看见你；

① 1英尺≈0.304米。——编者注

- 评价、评分和评论会出现在产品上方；
- 购物车把手成为自身的电脑界面；
- 在店里或家里的产品会成为自己的交互式广告；
- 公司能呈现自家产品的虚拟演示。

神奇飞跃也在专利申请中加入了它所说的“触觉手套”，也就是互联的手套，通过传递震动反馈来生成虚拟物体的触感。这个特色肯定会让触觉反馈技术先锋凯瑟琳·库亨贝克感到高兴！

就算这个清单注水一半，神奇飞跃还是很可能让人兴奋不已。为了阐明神奇飞跃对于购物这一概念的理解有多么地不同，该公司的首席营销官布莱恩·华莱士（Brian Wallace）描述了该公司正在研究的一款名为“看-买”（Look-Buy）的应用程序。据华莱士所说，这是个商务系统，有了它，看着产品就可以完成下单。“所以，我看着你的毛衣，”华莱士说，“然后我心想，‘哇！真好看。’我的系统就识别出我在看着你的毛衣。于是阿里巴巴就弹出来，识别，给我报价，告诉我马上下单可以打九折。我也往下看，看看我穿上身的效果。”然后，华莱士说，只要确认一下，就能购买和支付。

所以，也许很难想象，但很快无论你身处何地，都能买到任何东西：如果你想在舒适的客厅里看看全尺寸的保时捷 911，可以做到；如果你想在午休时间逛逛香榭丽舍大街，为下周的婚礼挑一件裙子，那就出发去购物，然后回来，这个过程中根本不用离开办公桌；如果你和家人想一起去大峡谷玩，不必登上飞机就能实现。未来，无论你在哪里，不管你想买什么，东西都会成为你的。

鞋子合适就买下

显然，我们很快就会看到，购物过程的各个方面都能够而且会变成即时的、逼真的、定制化的、感觉性的，并且配备人工智能。

可惜，我们在购买东西之前不能（目前还不能）亲身试一下。购买前无法试穿是在线服装行业极为严重的一个问题，由此引发了“尺码采样”现象（size sampling）——订购不同尺码的同款商品，但只留下最合身的尺码，然后把其他的寄回。实际上，在线服装总销量中估计有25%到40%是退回给零售商的，给那些企业造成了巨大的损失。而且，网购者遇到的这个麻烦严重阻碍了在线服装销售的发展。

然而，试穿的问题很快就不再困扰零售商或购物者了。你看到和购买的所有东西，无论是在Facebook上还是在虚拟世界里，都会很合身。提供给你的东西很可能是预先安排好的，不仅合身，而且还能充分体现你的个人风格和时尚品位。

这个设想正由True Fit公司的罗姆尼·埃文斯（Romney Evans）及其团队变成现实。一开始，埃文斯在位于波士顿的咨询公司创新洞察（Innosight）工作。该公司的创始人是克莱顿·克里斯滕森（Clayton Christensen），著有《创新者的窘境》（*The Innovator's Dilemma*）。该书被誉为“硅谷的《新约》”。这本书和克里斯滕森的咨询工作聚焦颠覆性技术这一概念，以及公司和创新者如何利用改变游戏规则的创新来大幅度改进市场。“我在那儿工作的时候，”埃文斯说，“总是在想着那些框架。有一天我和妻子外出购物，她在试衣服，大概试了十几条牛仔裤。她什么也没买，失望地离开了，觉得自己很糟糕。而我就想，‘大哥，这事儿真痛苦。’对每个人来说都这么难吗？”他接着说道：“那时候我就开始想，要是你在网上输入自己的一些信息，然后让它告诉你穿什么合适、什么不合适以及买哪个尺码，岂不是很棒吗？”

这个经历促使他与其他人合作创立了True Fit。这个位于马萨诸塞州的创业公司研发出它所说的“衣服和鞋品的首个基因组 TM”，这是个巨大的信息库，包含近万个鞋品和服装品牌提供的技术产品数据，还有与之匹配的风格和试穿偏好，这是由全球超过 3000 万的注册用户提供的。最后就得到一个既优雅又好用的风格和试穿推荐引擎，安装在零售商自己的网站上。顾客要想知道某个产品是否合身，就只需输入一些关于自身风格和尺码的信息，然后 True Fit 就根据其他的顾客和技术数据来给出建议。用户与这个引擎互动得越多，引擎就会越智能，最终就运行得越好。

“我们可以让你觉得自己正走进一家百货商店，所有不合身的都消失不见，”埃文斯说，“浮上顶部的产品都是你最有可能会喜爱和保留的。现在消费者可以关注购物的有趣之处，这是他们爱做的，也就是探索那些产品。”

他说道：“要是你受限于手机的形状系数，也就是说一个页面上的 20 个待选产品都不怎么合身，你就要一直翻完所有的搜索结果，那么网购就会变成更加严重的问题。”埃文斯说，把最有可能适合购物者身材的产品列出来则变得更加重要。

虽说 True Fit 并不是唯一一家致力于解决试穿问题的公司，但我不得不说，在我见过的公司中，它属于第一批率先得出合理商业结果的公司。埃文斯指出，该公司最近的实验使零售商的净收益比加入 True Fit 前平均上升了 5%，而且退货率也显著下降。随着 True Fit 的数据库日益强大，埃文斯发现，它即将能够根据尺码和风格，以及购买数据来为用户提供时尚选择。无论你在网上的哪个角落，你的私人计算程序都会跟着你，只把最适合你的东西呈现在你的面前。

未来的购物将变得非常完美。

12

宝贝，你可以打印我的车

《快马加鞭》（*A Faster Horse*）是一部2015年的纪录片，由大卫·贾柏（David Gelb）执导，记录了福特汽车的设计和生产团队如何煞费苦心地将该公司的标志性车型野马（Mustang）的50周年纪念版投放市场。这部影片详细记录了生产一辆汽车所耗费的大量时间、金钱和精力，也拍下了如此高风险的项目蕴含的巨大压力。野马爱好者庆幸《快马加鞭》有个好的结局。这辆周年纪念版野马车不仅按时投放市场，而且就连最挑剔的粉丝也立马予以好评，大获成功。

大多数生产场景是这样的：无比长的设计过程，接着是非比寻常又十分昂贵的工程作业，有漫长的增加产量过程，还担负着大量预付的资金投资和风险。如果一切顺利（这是个雄心勃勃的如果），厂家就生产数千或数百万件产品，然后发给经销商网，从中获得适当的利润。虽然这些努力加在一起，但是购车者得到的产品显然是个折中方案，是为了尽量满足最广泛品位和偏好而生产的产品，并不是专门为某个人设计的。

这不是洛克汽车公司（Local Motors，字面意思是本地汽车）的运营模式。与福特不同，洛克汽车没有传奇历史，没有偶像般的创始人，没有深受汽车狂热者喜爱的标志性品牌，也没有赛车血统。然而，洛克汽车能够利用3D 技术在数小时内打印出一辆汽车！没错，我说的是数小时。

洛克汽车创立于 2007 年，是美国的一家制造公司，致力于汽车和多种其他产品的小批量生产。洛克汽车的总部位于菲尼克斯，该公司是小约翰 • 罗杰斯（John “Jay” Rogers Jr.）的智慧结晶。他一举成名是在 2011 年，当时洛克汽车开始生产众包设计、遵守公路法的拉力战神汽车。电视节目《杰 • 雷诺的车库》（*Jay Leno's Garage*）专门介绍了其中一辆。

2014 年，耗费超过 44 个小时的时间，洛克汽车生产出了世界首辆众包的3D 打印汽车。运用大面积增材制造（BAAM）打印法，洛克汽车能在打印时让整车的底盘和车身一体成型，在这个过程中省掉了超过两万个典型的汽车零部件。该公司的首席营销官米切尔 • 梅纳克（Mitchell Menaker）说：“我们的拉力战神仍在生产，这是世界上首辆合创汽车，大概 5 年前问世。从开始艰巨任务到将车投放市场，我们用了不到 12 个月。”与之对照，他指出：“典型的原始设备制造商（OEM）需要用 6 到 8 年的时间来做类似的事情，通常要花 10 亿美元将汽车投放市场。”

与其名字的意思相反，洛克汽车在规模上不限于本地，也不只是一家汽车公司。实际上，该公司已为各种各样的公司和产品承担制造方面的艰巨任务，包括为通用生产电器用具、为空客（Airbus）生产了一架四轴无人机。罗杰斯和他的团队计划在全球各地建起数十个微型生产场地。

洛克的独特性不仅仅在于它的 3D 打印生产法。该公司也采用非常与众不同的方法来进行设计。“我们实际上有一个 6 万人组成的大社区，他们来自123 个国家，”梅纳克说道，“不管你是业余设计师、狂热者、业余爱好者，还是工程师、火箭专家，无论你是谁，在我们的场地里都要积极做事、充满创意，从发布产品、发表博文或是参与一项挑战任务到做其他事情都要这样。”

就是在洛克的这个创意社区里，来自哥伦比亚波哥大的24岁工业设计师埃德加·萨米恩托（Edgar Sarmiento）发现有机会满足自己对于产品开发的爱好。萨米恩托提交了自己设计的自动驾驶电动巴士，被洛克选为模型。他获得的报酬是一张2万美元的支票，还可以从Olli巴士（这款巴士的名字）的销售额中获取版税，具体比例并未公开。梅纳克只是说，根据Olli的销售咨询来看，萨米恩托也许能够早早退休。“福特或通用之前都不会接这个年轻人的电话。”他说。

在梅纳克设想的未来中，顾客会在早上来到展厅，边喝咖啡边协助设计自己的汽车，当天打印出来，当晚就可以开回家。除了独特的造车方法之外，洛克汽车还想循环使用所有的车。“你可以开走自己的车，两年后再送回来，以旧换新。我们能把你的车融掉，然后从中造出一辆全新的车。”梅纳克说。

科技极有可能改变我们生产东西的方式，这让人不禁要问，什么时候我们才最有可能看到3D打印变成我们每天所买物品的标准生产模式。比如说，什么时候我们的衣服、配饰和鞋子才会专为我们定制和打印。耐克首席运营官艾瑞克·斯普隆克（Eric Sprunk）在2015年10月略为提到了这样的未来。斯普隆克当时在参加极客奇才峰会（GeekWire Summit）的一场小组讨论。有人问他，是否预想到未来耐克的顾客能够在家里打印耐克的产品。让很多人震惊的是，斯普隆克不仅肯定了这个可能出现的未来，而且还继续说：“我是否设想了这样一个未来：从知识产权的角度来看，耐克仍拥有设计文稿，而你可以在自己家里造鞋或者我们可以在店里为你做？噢，那并不太遥远。”

说实话，这并不是什么狂热的3D打印支持者或是浮夸的初创零售商在乱说。这是一个世界500强品牌的首席运营官略为提及的一个按需式、完全个

设计师埃德加•萨米恩托在3D打印的Olli巴士里。

性化的供应链，几乎全由消费者掌控，而且这并不像是科幻，而像是快要发生的事情。

不可能，对吧？

完全有可能，乔•德西蒙（Joe DeSimone）就这样认为，而且他应该知道。他是一位功勋卓著的美国化学家，入选美国国家科学院所有的三个组织（医学、科学和工程学），获此殊荣的人还不到20位。他长期担任北卡罗来纳大学教堂山分校的化学教授。德西蒙其实也是一位彻底变革制造方式的先锋人物。

德西蒙的公司Carbon开发了一项打印技术，叫作连续液体界面制造技术，简称CLIP。传统3D打印技术是通过生产层层材料，通常是硬塑料，来生产物品，而Carbon的制作法是用紫外线来促使树脂以快得多的速度不断聚合为固体，从而生产出异常复杂的物品。最好的描述方法是，看过《终结者》（*The*

Terminator）的人就知道，邪恶的 T-1000 机器人由一滩黏糊糊的物质变化而成，站起来后迅速变身。同样，在 Carbon 的生产过程中，成品是由树脂变化而成，从一大箱树脂中冒出来就变成成品。

> 毫无疑问，3D 打印简直就是一场新的工业革命，也有可能带来经济模式方面的重大创新，尤其是通过按需式生产来实现。
>
> **帕斯卡·莫兰德（Pascal Morand）**

“这个突破性进展将让 3D 制造成为可能，”德西蒙说道，“关于 3D 制造，人们已经讨论了一段时间了。你要知道，我觉得其中有很多令人激动的东西，在世界 500 强企业中，几乎所有生产实物的公司都开始思考用于制造物品的数字设备造成的影响。但我觉得每个人基本上都把计划搁置，因为从打印机出来的产品真的很差，而且生产速度和经济意义也不怎么样。”

而 Carbon 的制作法旨在让批量生产的公司能够为顾客定制可操作、效率高、高质量的产品。“这个方法能生产出复杂的产品，让我们能够非常快地做出东西，因此以颠覆性的速度生产出最终用途零件，也就是功能零件，在我看来，就是会促进 3D 制造业发展成熟的技术突破。”

至于耐克想利用 3D 打印来定制鞋品，德西蒙评论道：“所有运动鞋公司都试着推进自己在定制鞋品方面的设计和抱负，它们受传统技术所累。在这一背景下，我们已经在广泛讨论市场准入这个问题，我们会以一种非常令人激动的方式与某家鞋业公司紧密联系，这种方式正是面向消费者的。”我觉察到德西蒙措辞谨慎，其实他就是在说：“没错，你定制的鞋子很快就会打印出来，等着你来取。”

德西蒙思索着这个技术的量级说道：“在我看来，制造东西的能力已成为富人和强者的技能和所有物。而把高性价比的强大制造工具交到较小的公司和企业家手中，在我看来会极大促使人们把自己的想法变成实物。”

所有这些加起来的结果是一场新的工业革命，与我们之前见过的东西完全不同。科技不仅改变了我们的购物方式，还改变了产品的生产方式。在不远的将来，公司将能够生产全定制、高质量的产品，其规模和成本是以前达不到的。小型制造商也将能够利用这些先进的技术，从而有力地与比其规模大的对手竞争。而消费者也有可能成为联合设计师，甚至是小型制造商。这会是针对整条供应链的重新思考，这会永远改变零售和制造业的面貌。

13

零售已死了吗

当回头通观全局，我清楚地意识到，安德森的评论并非一个科技大牛做即兴预测时的夸夸其谈。他提出了一个非常站得住脚的观点，而且这个观点日益频繁地出现在我们身边。就算软件没有完全吞噬零售，那它显然也在将零售业现存的垃圾踢出去。我们现在所知道的电商只是未来零售业态的开端，未来的零售肯定会让人更震惊。而在后互联网时代，消费者不会再对科技感到大惊小怪，而是会期待科技以及科技带来的好处。任何停留在互联网时代中期的企业都会像狄更斯笔下的场景那样荒诞不经。

面对这一现实，面对过去 25 年来发生变化的东西，零售——一个存在了数千年的商业模式，怎么能认为自己可以照常营业？

在 21 世纪的冷光中，人们不得不坦诚地发问：马克·安德森说得对吗？我们真的将看到零售这个概念及其主要运作模式——门店，崩溃瓦解吗？可以相信我们所知道的门店会变成我不必离家就能逛的虚拟场所吗？是否很快就会看到我们拥有的所有东西都由无人机运抵家门？我们生活中的设备，甚至是产品本身是否会决定我们得到什么、何时得到、从哪里得到？更有甚者，消费者是否会成为大部分所购之物的设计者和联合生产者，并只用按需打印出来？此外，所有这些变化是否会让实体店、商场和大街变成废弃的古代独石柱？萧瑟的风滚草会飘过大城市的主要街道？

也就是说，零售已经死了吗？

答案显然是否定的，零售没有死。虽然我描述的事情多多少少能够证明零售已死，但这些事情的最终结果并不是零售业的覆灭。差得远了。实际上，即将发生的事情肯定更加复杂、重大，更加让人激动、诧异。

第三部分

门店即媒体

14

零售中的人性因素

互联设备开始日益监控、管理甚至控制我们的购买行为。科技让我们能够进行虚拟购物，而且购物环境全然逼真。VR 会在我们需要的时候送来我们想要的东西。无论我们身处何处，AR 都会把我们周围的世界变成逼真的门店。如果你想买坎耶·维斯特（Kanye West）的新专辑，很可能你外出听着带有坎耶虚拟形象的新专辑时就买下了。这是不是个卖点就留待读者自行判断了。

当然，我们也会非常自然地与人工智能助理说话，它们负责把我们想要的东西送来。所有这些事情都是必然发生的。但是，这样的未来无可避免，难道就能说明不需要实体购物空间吗？科技会取代真实的购物体验吗？

我认为答案是否定的。只要人们不只是为了获取东西而购物，那么实体零售空间就仍会存在。实际上，随着我们对科技的依赖日益增强，实体零售空间会变得更有价值、更受珍视，因为我们对于内心情感体验的渴望会增强。很简单，究其核心，购物是一项人类活动。这是一种已融入人性的需求，可以追溯到很久以前的狩猎和采集时代。

从公元前 400 年的罗马集市到巴黎和伦敦的豪华百货大厦，再到纽约的第五大道，我们千百年来购物的原因那么多，不只是为了获取东西。购物符合我们最深层的潜意识需求，并深入我们的灵魂。

看看“9·11”恐怖袭击之后的美国就知道了。很多经济学家预测消费活动会大幅下降。考虑到这场灾难的规模和性质，如此预测本是合情合理的。但情况正好相反。消费者买得更多，多了很多。心理学家把这一现象称为死亡显著性（mortality salience）——认识到生命无常，因而愈加渴望“给人舒适和安定感”的产品和服务。

我们为发现而购物

购物行为最好的地方在于总能让人体验有意义的发现时刻。狩猎和寻获宝藏的刺激感会对我们人类产生多重影响。

说来讽刺，随着我们的生活日益与科技相联、受数据驱动，我们周围的世界变得越来越难以探索，而且碰到意外之事的概率也小很多。这可能听起来不合常理，但却是事实。

让我们产生这一认知的人、地点和事物越来越来受数据驱动，由算法预设。Facebook 之类的社交网络不会扩大我们的朋友圈，反而把我们与自己“赞”的信息、产品、事件和人缠得更紧，让我们把不太喜欢的那些人、地点和事物拒之门外。不久前，Facebook 开始变得像是我们的思维、信念和好恶的回音室，让跟我们一样的人把所有这些反弹给我们。

奈飞公司也无法拓展我们的视野，反而缩小了我们的视野，因为它总是向我们推荐与刚看过的内容相似的节目和影片；Spotify 不会提升我们的音乐品位，它向我们提供与刚加入播放列表的歌相似的曲子，让我们的音乐品位变得狭隘；相亲网站不是为不同的人牵姻缘，而是根据匹配度给人们配对，就像给袜子配对。

零售也没有什么不同。

我和妻子曾在好市多买过户外家具。此后整整一年里，我们每两个星期就收到好市多的户外家具产品信息。另一个例子是，我在易趣上买了个汽车零件安装在我的车上，几年后我依然收到关于类似产品的提醒信息。这些公司给顾客发送大量关于已购产品的信息，当然是不合逻辑的，但却清楚地说明了数据本身可能是个非常没有用的工具。似乎意外发现已经不复存在，我们的数据就是铁证！

有些人会认为，即使计算机系统的这些推荐有瑕疵，也还是比折磨我们大半个世纪的大量广告好，不那么让人厌恶。我也认为没人需要更多的大众营销，但也认为过分依赖数据的零售方式几乎让我们的购物体验变得麻木，逐渐让购物失去了意外发现带来的快感。

购物的真正乐趣在于相关性和随机性的微妙平衡。虽然我们作为购物者很希望面前摆着符合自己意识需求和偏好的东西，但我们也渴望惊喜，就是遇到不知自己会喜爱的店铺、发现不知道的产品、经历意外而迷人的体验所带来的惊喜。实体店可以而且应该是这样让人入迷的地方。数据不管有多好，都不能复制真实的发现体验。

我们之所以购物是因为这是一项社会活动

我们可能会抱怨在购物时碰到汹涌的人潮，但我们对于人潮的先天反应恰恰与此相反，我们会下意识地搜寻人群。

你是否注意过，某个店铺空了几分钟，但只要一些购物者进来，更多的人好像立马就会被吸引到这个空间？实际上，要是能在两个店铺之间做选

数千名购物者在纽约排队等候苹果店开售 iPhone6。

择——一个是空的，另一个有人在里面，我们基本上是会去有人聚集的地方。这简单来说就是购物的社会性。人群是最清楚、最直接的社会认同（social proof）。自数万年前我们从树上爬下来开始，这一事实从未改变过。我们依然认为，别人置身某个空间最能说明有价值的东西会在那里。

很多人会联想到疯狂冲进商场或商店的人流，或是偶然碰见的疯狂抢购行为。人一旦发觉有大事发生就会产生那种兴奋感。你还能用别的原因来解释黑色星期五大促销造成的大混乱吗？人群、兴奋和骚动都是会让人中毒的。

苹果公司几乎从一开始就十分善于在自己的实体店里制造这种紧张情绪。很多人可能还记得人们绕着城市街区大排长龙等待新款 iPhone 的画面。苹果公司也意识到，这种社会兴奋感是其在线体验所缺少的。这一认知促使该公司申请了一项专利，旨在为自己的网站“改善在线购物氛围”。如苹果公司所说：“在线购物的一个缺点是它让人觉得这种体验是无聊的、孤立的。顾客在这样的环境中不太可能对在线购物体验产生好感，可能不太喜欢在网上逛商店（比如说，不会在显示器面前徘徊），可能最后比逛实体店的人花钱少。”

苹果公司想要重新设计自己的网站，以便更好地告诉访客，其他网购者在该网站的什么区域活动或聚集。那可能是热销新品介绍、新服务的信息或是其他活动。例如，这项专利声称：“如果一位作家受邀参加门店组织的在线聊天，那么在某个区域就会出现书的标志，提醒（浏览所有类别信息的）顾客，一项特殊活动正在进行。”其实，苹果公司想把自己的网站弄得更像个实体店。

苹果公司当时意识到的东西放到今天仍然适用。实体购物体验可能有种难以形容的氛围。我们天生就怕错失好物，而现实世界中的人群活动会增强这种恐惧感。正是这种兴奋感造就了令人难忘、上瘾的零售体验。

我们之所以购物是因为这是生理活动

我们的大脑喜爱购物行为。实际上，如果运用得当，零售根本就是一种合法的可卡因，这不是玩笑。我们对于绝佳购物体验的神经反应跟可卡因让人产生的神经反应是一样的，因为二者都会让人分泌一种化学物质，叫作多巴胺。

多巴胺是一种神经递质，控制着我们的愉悦感、积极性、注意力或行动。说得更简单点，多巴胺是我们感觉愉悦时流过大脑的一种奖赏性化学物质。随你挑——性、毒品、摇滚乐，都跟多巴胺有关。神经学家沃恩·贝尔（Vaughan Bell）把多巴胺叫作“神经递质中的金·卡戴珊（Kim Kardashian）”，因为它经常出现在通俗报刊上。多巴胺之所以出名是因为它在很多成瘾行为中起着重要作用。当然，对很多人来说，购物会让人成瘾。你下次去名牌折扣商场的时候，看看排队结账者的脸，分明就是写着多巴胺的脸。罗伯特·萨博尔斯基博士（Robert Sapolsky）太熟悉这些脸了。

萨博尔斯基是斯坦福大学生物、神经学和神经外科学教授。他广为人知的成就之一是对于猴子大脑中多巴胺分泌的研究。这项研究让人得以更好地了解人体中多巴胺的成因和作用。他的实验结果给了零售商一个重要提示，提醒他们多巴胺如何影响购物行为。在一项实验中，猴子接受训练以完成一个简短任务。完成任务后，猴子会获得食物奖励。每次快开始的时候，会打一点光，提示猴子开始做任务，然后猴子就会开始工作。每次任务完成后都会发放奖励。

萨博尔斯基的猜想是，猴子接受奖励时，大脑中的多巴胺含量最高。然而，事实并非如此。实际上，猴子看到闪光的时候，大脑的多巴胺含量立刻上升，因为闪光意味着获得奖赏的机会来了。也就是说，并不是奖赏本身，而是对于奖赏的期待促使大脑中的多巴胺达到最大值。

更有趣的是，萨博尔斯基还发现，如果猴子每次完成任务后都获得奖赏，那么它们的多巴胺含量就处于一般水平。一旦获得奖赏的概率低于 100%，那么猴子的多巴胺含量会上升。实际上，当获得奖赏的概率是 50% 时，它们的多巴胺含量飙升！也就是说，一定能拿到想要的东西时分泌的多巴胺比可能空手而归时分泌的要少。

这解释了很多事情。它解释了赌博、约会、宗教、毒瘾和员工激励计划的原理，也告诉我们一些关于购物的重要信息。购物者在期待获取渴望之物时，多巴胺含量会达到最高水平，而且若是知道可能得不到，多巴胺含量还会更高。这一结果也非常有助于解释特价产品、名牌折扣商场，甚至是清仓大拍卖的永恒魅力。购物者像寻宝一样寻找尺码、颜色或款式合宜的特价品。

他们找得到或找不到喜欢的东西，这种情况会提高多巴胺含量。

由这个实验可以推断，亚马逊这样的大卖场持续扩大自己的产品选择，因此顾客找到想买之物的概率增大，无意间就降低了顾客在这些网站购物时的多巴胺分泌量。在亚马逊找到想买之物的概率上升，会刺激大脑的理性部分，从而降低多巴胺分泌量，结果就是降低人们的满意程度，这给传统零售商创造了机会。

> 我整天都想着买东西。我喜欢找到超棒超完美的东西时的那种刺激感，就是心跳加速的感觉，因为这太美妙了。
>
> **明迪·格罗斯曼（Mindy Grossman）**

实际上，好市多一类的零售商反复采用一种策略来提升购物者的多巴胺分泌量，就是供应独家好货，但货品数量十分有限。因此，好市多的顾客就被勾起对于错失好物的天生恐惧感，众所周知，这会提升多巴胺含量，刺激他们把本来不打算买的也买了。我经常说，我就知道，只有好市多这个地方，你可能为了买猪排而去，但却买了个皮划艇出来。都怪多巴胺！

因此，对我们的大脑而言，真正做得好的零售要拿捏好一致性和可靠性，同时还要注入自然发现的随意性和对于可能错失好物的恐惧感。如果操作得当，我们在实体购物体验中看到的些许混乱就能够增加发现的兴奋感。也就是说，美好的购物体验是可预测性和偶然性的完美结合。

从线上到线下

零售中的这些人性因素可以很好地解释为什么一些纯电商正在相继开设

实体店。企业陆续踏出数字领域，现身陌生的现实世界，也就是我们所说的门店。实际上，至少有 20 家在线零售商在过去几年实现了这一飞跃，其中包括像瓦尔比派克（Warby Parker）这样的初创公司。该公司在 2010 年采用线上虚拟试戴这样一个独特的商业模式，完全颠覆了眼镜市场。还有一家位于温哥华的专做男士西装定制的电商 Indochino。一家经营男女时装的纯电商 Everlane，甚至还有亚马逊——没错，就是亚马逊。该公司用了 20 年的时间让书店关门大吉，如今却在开书店和便利店！

因此，如果数字零售是唯一出路，那么为什么这些公司把辛苦赚来的资本用在建实体店上呢？如果不动产是把品牌拉沉底的铁球铁链，那么到底为什么这些公司要投资不动产？为什么它们会冒险进入马克·安德森所说的由收不回的成本、生产力问题和金融困境构成的无望深渊？

瓦尔比派克认为，答案很简单：门店是与顾客建立关系的一种重要途径。虽然该品牌最初的商业计划是想让顾客能够在家试戴，因而完全不需要实体店，但是该公司的联合创始人尼尔·布卢门撒尔（Neil Blumenthal）发现，顾客最终还是想要实体店。他解释道：

- 推出该服务后的 48 小时内，我们收到了大量试戴要求，因而不得不推迟在家试戴计划。然后，人们会打电话来问："嘿，我们能不能去你们办公室试戴眼镜？"我们就会说："呃，我们公司就在我的公寓里。"
- 人们会上门来试戴，我们就把眼镜摆在餐桌上。我们本以为这会是一种次优体验，但结果发现这是一种很特别的体验，让我们能够与顾客建立关系。他们可以试戴所有的眼镜。我们开始意识到可能还是需要传统的实体零售。

这些最先造访布卢门撒尔公寓的顾客影响力很大，促使该品牌在美国和加拿大各地开了 35 家展销店。但是，他立马指出，这些绝对不是典型的眼镜店。布卢门撒尔说："重点是我们如何能够打造特别时刻。进店的人大多十分惊讶，因为这里跟他们所见过的眼镜店不一样。"

专做西装定制的电商 Indochino 也看到以实体店为基础的未来。该品牌成立于 2007 年，在 2014 年开了 7 家门店。到 2015 年，该品牌宣布要在全球范围内增开 150 家。借鉴另一个成功的例子，也就是线上男装品牌 Bonobos 的例子，门店并不是存货处，而是"展示厅"，能让男士在此挑到既合身又优质的西装款式和面料。

线上时装零售商 Everlane 在 2011 年一举成名，是因为貌似打破了很多行业惯例，比如时装系列的季节性。就连这家公司也于 2016 年在旧金山的教会区开了第一个常设门店。开设这个门店是想提供一个场地，让顾客能够挑选和试穿更加难得合身的产品，还能与训练有素的 Everlane 设计师合作。

亚马逊是出了名的保密到家，而且它的策略复杂难懂，我们可能搞不清它开实体店的初衷。但在我发表演讲的一场会议上，我遇到了亚马逊门店开发团队的几名成员，可以确定：亚马逊对于实体店的看法绝不寻常，肯定不会开书店，因为亚马逊要卖更多的书。实际上，我坚信，"书店"只不过是让亚马逊能够应对更多重要潜在商业机会的特洛伊木马。

首先，每个新开的亚马逊门店都能成为一个重要的微型集散中心，在此可进行集中托运、产品配送和顾客自提，降低最后一英里配送（众所周知，这是亚马逊盈利能力的关键所在）的成本。试想一下这样的场景：亚马逊到处开设小型、高效的便利店和书店，让购物者在下单次日基本上就能拿到东西。

其次，也许是更为重要的一点，可以在这些门店内现场展示亚马逊的数字设备，如 Fire 平板电脑、Fire 电视、Kindle 电子书阅读器、回声数字助理和一键购物按钮。苹果零售店是公开恳请顾客去探索、触摸和把玩新款设备，但是亚马逊至今还没有在市场上开设这样自营的体验店。因此，该公司还未能像苹果那样老练地让自家设备渗透市场——错失良机了，因为亚马逊的设备从根本上讲是亚马逊整体价值定位的门户。

实体店之所以重要还有一个原因。我想，亚马逊团队太清楚这个原因了。实体店定能促进线上销售，只需在每个特定市场提高品牌意识就行了。正如瓦尔比派克的联合创始人大卫·吉尔博亚（David Gilboa）所说："我们也看到了一种晕轮效应，也就是说门店本身能大大增强品牌意识，为我们的网站引来大量流量，从而促进我们的电商销售。"并非只有吉尔博亚看到了这一点。Indochino的CEO德鲁·格林（Drew Green）也有类似体会。他说道："每次我们在城里开店的时候，都看到该城市的品牌意识和销量变成原来的4倍，这还只是线上的情况而已。"我也跟很多大的消费品牌求证过相同的现象。它们新开一家实体店，通常线上销售立马上升。也就是说，开实体店，网销量就涨。

但最重要的是，有实体店才能展现购物者体验——对于解锁新一代截然不同的消费群体对品牌的忠诚度，这些体验至关重要。

15

体验的一代

他们被认为是懒惰、自私和享有权利的。他们大多无权参与政治体系，觉得当权派不接地气。他们有意回避消费主义、不买房、不顾传统价值观（如婚姻）、喜欢手工制品胜过量产商品。他们是理想主义者，认为工作不只是为了获得经济利益，还应有更崇高的目的，而且做消费决策时考虑到环境问题。

你觉得我说的是哪些人？

要是你说千禧一代，或Y世代，那就错了。

其实，我说的是他们的父母——婴儿潮一代。四十年前，这几个字是用来称呼当时那群吸食大麻、热爱和平的嬉皮士。然而，当时谁能想到这群人后来会在臭氧层戳出个洞、把华尔街变成金融界的大规模杀伤性武器，而且他们负责处理的全球纷争比史上任何一个时代都要多？

要是这其中有什么要注意的，那就是我们试图用几个简洁的流行语来描述这 代人并归纳其行为时，可能会误解他们，也可能会流失他们这些顾客。如今很多零售商都犯了这两个错。

千禧一代是那些在1984年到2004年出生的人。他们很可能是遭遇过度分析和严重误解的一代人。当然，造成这一混乱的部分原因是时机和形势。仅仅10年前，营销人员坚信千禧一代是无限贪恋奢侈品的新生消费力量。这一代人的消费速度是其父母在相同年龄时的500倍。零售商们愉快地搓着手，满心期待这一大群人彻底进入消费的高峰期。派对似乎刚刚开始，然后音乐就停了，因为出现了史上最长衰退期这样一个减速带，而“千禧一代疯狂嗨”的美梦最终也就是……一个梦。如今，零售商斥责千禧一代是一群愤愤不平的穷光蛋，有意远离物质财产——喜欢快时尚、拒绝奢侈品的数字土著（digital natives），这一代人宁愿把自己拥有的那点钱花在体验上，而不是花在产品上。

那么，到底是哪个？千禧一代究竟是零售的未来还是零售没落的预兆？他们究竟是新生消费力量还是反消费者？把事实与虚构分开可能有助于回答问题。事实是：

- 到2020年，千禧一代的支出会占总支出的三分之一。他们必然是一个很大的人口群体，而且零售经济大多要依靠他们的参与。
- 他们从大专院校毕业时背负着贷款。比如说，在美国，71%的毕业生所背负的贷款平均约为3万美元。这项贷款，再加上十分紧张的就业机会，可能促使人们推迟其他的人生大事，如结婚、生子、买房，这些都构成了消费大头。
- 在北美和很多欧洲国家，千禧一代的收入低于全国平均值。比如说，在美国，30岁以下的人如今不比退休的人富裕。
- 千禧一代的房屋拥有率低于以前的人在相同年龄时的房屋拥有率，千禧一代中租房或与父母同住的比例更高，时间也更长。
- 他们更多集中在大城市。比如说，在美国，如今城市的增长率高于郊区，这是自20世纪20年代以来首次出现的情况。这种重新兴起的城市化给渴望用实体店来招揽这群人的大卖场零售商提出了挑战。

- 他们崇尚手机优先。几乎在所有发达市场里，手机用户中，尤其是智能手机用户中，千禧一代的比例最高，
- 他们天生爱社交，花在社交网络（如 Facebook、Instagram 和 Snapchat）的时间高于平均值。他们换社交网络也是出了名的快，一出新的就换。

这些事情都是真实可证的。

但是，说到零售，你肯定也听说过千禧一代不需要实体购物体验或是对此不感兴趣。他们貌似是手机动物，懒得去门店，喜欢在智能手机上买所有的东西。坦白讲，他们就是实体零售末日的缔造者，但这恐怕不是真的。根本没有证据表明千禧一代不喜欢实体店，而实际情况却恰恰相反。

2016 年，英国的一项研究发现，实体店最受年纪较小的消费者欢迎。这项研究指出："最喜欢门店的年龄群是 16 到 24 岁和 25 到 34 岁。他们也很少用纯电商。这不仅强调了实体店在当下的重要性，也指出了实体店在未来可能也很重要。"

埃森哲研究公司的一项大规模研究也得出相似结果。这项研究指出："数字一代中有很多人其实更喜欢逛实体店，而不是网购。而且，我们在美国发现的情况也在所调查的其他国家中出现了。和无数代精明的购物者一样，一位千禧之子对我们说，'你会想要摸它、闻它、得到它。'"

针对特定品类的研究发现，91% 的千禧一代更喜欢去的是实体药店，而不是网上药店。68% 更喜欢实体电子商店，84% 更喜欢实体百货店，83% 更喜欢实体折扣店和大型零售店。

然而，另一项研究发现，近一半的千禧一代更重视的是品牌体验，而不是产品体验。但婴儿潮一代中这一数字仅为 22%。48% 的千禧一代觉得品牌体验是最有力的忠诚度预测指标，而婴儿潮一代中持此观点的有 17%。

毫无疑问，千禧一代是实际体验的狂热粉丝。如果你需要更多能够证明他们热爱实际体验的证据，只要看看音乐行业就行了。如今现场演唱会的受欢迎程度前所未见。比如说，2015 年 7 月的科切拉音乐节迎来了一个里程碑：其销售额超过了 8425 万美元，卖出了 19.8 万张票——这是该活动自 1999 年开办以来的最高纪录。科切拉音乐节参与者众多已不是什么新鲜事，该音乐节在过去四年里连年打破自己创下的记录。并不是只有科切拉音乐节才获得这样的成功，俊杰音乐节（Lollapalooza）、奥斯卡颁奖礼晚宴（The Governors Ball）和波纳若音乐节（Bonnaroo）都迎来了类似的指数型增长。

那么，为什么会这样？在这个时代，近乎免费的音乐普及得像自来水一样，为什么还有 19.8 万人到南卡罗来纳的一个沙漠山谷参加为期三天的音乐节，去那里露营？可能有很多原因，但主要原因是音乐节一定能给人们提供动态体验。他们去那里不仅是为了听音乐，也是为了感受音乐，还有点与音乐在一起的意思。他们去那里参与充满活力的社交活动——从中吸收能量。我们生活的各个方面不知怎的几乎都数字化了，因此能够调动我们身体、感官和灵魂的体验都非常珍贵。

我们变得数字化，但我们是有感情的……这是我们渴望的东西。我们需要远离网络、逃向现实，哪怕只是片刻也好。这种需求强大有力，随着我们对科技的日益依赖而不断增强。

不是他们……是我们

老实说，问题并不是千禧一代不喜欢实体店，而是门店体验大多糟透了。我这么说并不是开玩笑或博眼球，我是认真的。我们逛的门店大多没有任何剧场感、刺激感或审美趣味，更不用说什么吸引人的实际体验。大多数零售店都是单调无聊的地方！

别光听我说，想想你自己的经历。上一次遇到一家令你目瞪口呆的商城、百货店或商店是什么时候？坦白说，上一次因为门店体验太刺激所以刚走出店就告诉亲友是什么时候？

你迟早要面对现实：大多数零售店会变得跟堵车现场一样无趣！而这一代消费者一辈子都受着前所未有的数字刺激，他们逛的门店大多都让人头脑发木。家得宝没什么激动人心的，沃尔玛也没什么有意思的。把梅西百货的招牌摘掉，这家店可以是杰西彭尼百货。把杰西彭尼百货的招牌摘掉，你身前的商店就可以是罗德与泰勒百货（Lord & Taylor）或哈德逊湾公司的门店。不同的招牌，同样的无聊！说句公道话，并非只有这些零售商惹人不快。全世界无数的商城、主街和门店都是这样。就算是在香港、伦敦、新加坡、纽约和洛杉矶等城市的豪华旗舰店，炫目浮华之下都是同样的内容。

这种风气迫使一些零售商生造假嗨效果。不久前，我和妻子在佛罗里达的一家百货商店里逛，突然听到附近一阵喧闹，像是喇叭声和击鼓声，但我们不清楚究竟发生了什么。最后发现是一溜的店员在拐角处漫不经心地演奏着乐器，并开始沿着走道朝我们走来。那画面阴沉诡异，像是一长列的人走向绞刑架。我们问一个销售人员这是在干什么，他说是门店管理者让店员每天绕着门店游行几次，借此“造势”。看到他的表情后，我们不用问也知道他和同事们感受如何。

其他零售商则是立刻借助科技手段（通常没有任何整体计划）来提升门店环境。这场战斗的口号是打造“数字体验”。这种体验本身是有问题的，原因有以下几个。

- 很多零售商只是把科技附加到往往很一般的客户体验上，而不是重塑客户体验，然后再用科技来实现或提升这种体验。后者才是有意义的做法。

- 它们总以为顾客很想接触科技，但顾客并没有那么想。在这个时代，我们每天看自己的手机 220 次，实体店就不应该提供相同的体验。门店应该是奇迹发生的地方，有时候，奇迹会涉及科技，但也不必如此。
- 很多人以为要通过智能手机或一些其他科技才能走进千禧一代的心里，但我们现在知道，并不一定是这样。没错，千禧一代喜欢用手机、爱上网，但他们也是有血有肉的人。其实，他们比老一辈人更喜欢体验。

实体店应宣扬自身的实体性，让人能够真切地触摸、尝试、感觉和体验产品。体育用品店不是用来观看高尔夫视频的，而是可让顾客挥动高尔夫球杆。顾客不是站在落满灰尘的仓库中对着聊天机器人讲对产品的要求，而是会遇到借助科技力量打造出人性化产品的专业的、富有激情的专家。零售商不是用 VR 技术来摆脱门店的沉闷，而是用非凡的门店来暂时逃离现实，进入一个截然不同的世界。

只要有可能，科技能够也应该用来创造体验，但我们不要忘了，顾客渴望实际体验。我们几乎是本能地需要互动，需要触摸，需要在购买前摆弄一下收集到的物品，而且需要在充满活力、令人兴奋的社会空间里做这些事。主要是人性促使我们去购物，而科技提供的便利绝对无法全然抑制这种人性。

因此，要想找到实体和数字之间的重要平衡点，先要设计出巧妙而有深度的体验。关键是找出能够让购物者实际参与和投入的体验拐点。科技可以激发非凡的门店体验，或是连接购买路径上的重要时刻，但是零售商不要忽视实际零售活动内在的实体性和动力特性。

可以说，每个门店都要变成小型的科切拉音乐节现场——这一体验能够调动所有五种感官，让购物者离店之后仍然念念不忘。他们身上的每个细胞都感受得到。

所有迹象都表明，千禧一代渴望拥有非凡的实时购物机会。他们特别想找到能够提供精妙产品的零售商，让他们能玩、能学习、能尝试、能拥有美好的时光。他们渴望拥有那些无法在家里或在手机上经历的美妙时刻。他们希望零售商能提供令人惊叹的实地购物体验。老实说，这跟年龄无关，这是我们所有人都期盼的事。

那么，是什么挡在我们前头？顾客渴望拥有刺激、吸引人的非凡体验，而零售商意识到了那正是顾客想要的，那么为什么品牌不接受挑战、在门店中提供这些体验呢？肯定不是因为零售业高管不怀好意、能力不足或是智商不够，也不是因为没人意识到改革的迫切性，更不是因为顾客不接受零售业的改革。他们是接受的！相信我，关于这一些，大家都知道。

零售业之所以退缩不前，个中原因其实深刻得多。要是我们想改革零售体验，那么迟早要直面这个问题并纠正错误。其本质问题在于，用以衡量零售门店生产力的核心指标（目前零售业对于成功的衡量标准）合力阻碍了顾客体验进行重要升级。零售业高管所有独创、新颖、大胆或颠覆性的尝试，其效用最终都要用最传统、最无聊的标准来衡量，即每平方英尺销售额。

实际上，我们是在用代数法来写零售之诗。这根本行不通。

无聊经济学

想想过去两百年里，我们看到了一系列创新，从灯泡到纳米技术都有，然而我们对于零售成功的衡量标准自 1872 年布鲁明戴尔百货公司（Bloomingdale's）开业以来就没有发生根本变化！每平方英尺销售额、人均销售额、门店销售额增长率、存货周转率……盘尼西林问世前所使用的衡量标准一直沿用至今。到底为什么会这样？

更愁人的是，这些指标是股东报告中着重指出的数字，是公司高管、分析员和投资者最先瞄准的数字。这些数字促使激进股东执意要求品牌关闭那些提供必要品牌展示的门店，以便推动各渠道的销售。这些数字抑制了创新、创意和勇气。这些数字让聪明人去做蠢事。

你要是明白我的意思，就把自己想象成梅西百货的产品采购员。你身为采购员，要决定将哪些产品摆在门店里，那么你最先考虑的选择标准是什么？我猜你会说“销量”。这完全没错。几乎所有采购员都执着于每平方英尺销售额这一指标。因为传统零售思维认为，产品若不能大卖就不应白占位子。实际上，要是采购员摆出的产品卖得不够好，那么展位就会被别的部门夺去。最终他们的工作会被其他采购员夺去。

如今，销售业的存亡全系于每平方英尺销售额。正因如此，一大堆独特、有趣、时髦、吸引人的产品、概念和创意很可能无法出现在大型连锁店的销售区。这一指标给所有创意之火泼了冷水。

哪个采购员会冒着丢饭碗的危险去摆上很多不太可能大卖的产品呢？就算那些产品可能会大幅提升购物者的愉悦感和探索感又如何？哪个采购员敢冒险让产品腾出点位置给炫酷的体验呢？就算那些体验可能会让购物者欣喜若狂又如何？现实情况是这样的，虽然几乎所有企业都大谈顾客喜悦度，但是采购员的奖金鲜有与顾客喜悦度挂钩的。这多么没有道理？而且坏就坏在，销量越差，对于每平方英尺生产力的执念就越深，于是就越来越不景气，门店变得更加平淡无聊，销量也就更低。

现在，梅西百货采购员做的事全世界有千千万万的零售采购员都在做，每个人都遵循同样的指导性指标，不久之后，商场里每个门店就会长得一模一样。每个商场都跟另一个长得一模一样。不知不觉间，大家就会觉得无聊，因为每个门店最后都卖雷同的、稳赚不赔的产品、设计和品牌，所有门店都不敢提供独特或刺激的体验、娱乐活动或产品展示，不敢冒险去取悦顾客。

购物者想要在当地的百货商场发现新奇、刺激、出人意料的东西，但这种希望化为乌有了，因为全国没有一个采购员敢赌一把，摆上可能会让你惊喜的产品。没人愿意让库存空间让位给体验。

因此，并不是消费者在扼杀零售，是零售商在扼杀零售，而消费者只是无辜的犯罪现场的目击者。只要零售商仍然目光短浅地盯着每平方英尺销售额不放，门店就会遭殃，购物者就会受蒙骗，零售商的处境就会愈加艰难。

这个问题现在愈加深刻，因为消费者对于多样性、产品范围和探索发现的期待普遍受到网上海量独特产品的影响。实体店必须尽量减小库存，但是亚马逊可以成为零售界的诺亚方舟，只要它愿意，把地球上的所有东西每样存两件都行。易集（Esty）不必存一件产品就能提供几乎所有你能想得到的东西！阿里巴巴上有成千上万的商家在买世上的各种东西。因此，在网上——不是在门店里，你很可能会发现另一个炫酷的新产品。对销售商而言，这是个重大、显著、关乎存亡的问题。

因此，我们走向未来的过程中必须付出点东西，打破实体店的这种无聊循环。而救赎之路的起点是拓展实体店的成功指标，使其不再局限于以上所说的衡量方法，不再局限于每平方英尺的销售额。我们需要彻底改造实体店的目标、重建衡量门店成功的方式。

现在你可能想放下另一片红色药片，因为我的意思是实体零售店的目标不再是卖产品。

16

未来的购物空间

十年之内，传感器驱动的补货模式、预测分析技术、逼真的数字购物体验、认购计划，以及大量其他的互联购物选择——其中有很多是我们还无法想象的，会有效满足我们日常的产品需求。我们不用再去想冰箱里有没有牛奶、洗衣房里有没有洗涤剂。我们可以信心十足地在网上买家具和服装，因为触觉反馈技术让我们能在买东西前触摸和感受要买的东西。加入大数据分析法的试衣程序会保证我们买的东西几乎总是完全契合我们的身体和品位。在家中或办公室里借助 VR 或 AR 技术进行购物并与产品专家相联，这在十年后会变得像如今在实体店购物一样稀松平常。一系列运输模式提供的快速、免费运送服务可以在数分钟内把任意一件产品送到我们的家门口。

购买极少数特殊产品时才需要去实体店，其他情况下根本不用像现在这样为了看产品而进店，就是这么简单。实体购物空间会变成一种媒介，用以传播最带劲、最欢乐、最刺激的体验。这些实体媒介体验是为了实现三件事：

- 通过亲身参与和多种感官输入来传递清晰而动人的品牌故事；
- 为逼真的、动态的产品体验提供机会；
- 作为一个交互式通道，通向产品、服务和购买选择组成的整个品牌生态系统。

请注意，我一点都没有提到卖产品。这当然不是说未来的零售空间不卖产品，只是那些产品在实体店内的销量不再是重点。门店的目标变成了打造强烈的体验，借此促进所有购买点和渠道的销售量。

知名零售购物中心开发商盛智文（Allan Zeman）曾说，商场的设计标准通常规定 70% 是零售，30% 是娱乐，应该要颠倒这一比例了。他说，购物中心一定得是娱乐第一，零售第二。他认为，不重视娱乐的话，人们根本就没有理由进商场。同样，我想说的是，将来的零售商要想生存就必须用这个方法来计划、设计、打造和运营自家的实体购物空间：体验第一，产品第二。

我知道这样的未来难以容下我们如今所知的零售业。现如今的零售商把太多时间花在了产品上。它们买货、存货、搬货、卖货、逐个登记。它们涨价、降价、卖出、回收，然后每年至少亲自点数一遍。大多数零售公司花费了太多的资源来处理产品搬运和维护的问题，让顾客体验沦为后添的东西，只是一种点缀。

但在未来的零售空间中，最重要的产品是为购物者提供的体验。未来最成功的零售商会执着于设计、实施和衡量体验。在产品持续增加的世界里，几乎任何产品都能在几天或几周内进行逆向开发，这时体验就是零售商所拥有的最后一个体现差异化和顾客价值的堡垒。任何人都能击败你的产品——这很容易。但是重塑人群、地点、目标和生产的独特魔力、重塑这些东西造就的精彩品牌体验（就算不是不可能）却更加困难。想想其他零售商花了多长时间徒劳地模仿苹果店的体验，其实产品跟这些体验没什么关系。其实，苹果店就算是卖鞋子、杂货或是宠物食品，很可能还是如此炫酷。

把重点从产品销售上移开，转而强调实体媒介体验。这会彻底改变门店的构思、选址、设计、招人、管理和评估问题。

在纽约搜诺斯（Sonos）门店的个人试听室里，顾客可以尽情享受自己最喜欢的音乐。

> 未来已经来了——只是分布不均而已。
>
> **威廉·吉布森（William Gibson）**

常有人问我，如今哪些零售商是与这个“门店即媒体”的未来背道而驰的。虽然我认为没有一个零售商会贯彻这一理念，但有很多是朝着这个方向发展的，只是程度各有不同。也就是说，这种未来购物空间其实现在已经有了，只不过没有集中在一起。但是仔细观察的话，你就会发现，未来零售图景是如此细密地散落在市场上。少数有远见的企业家、品牌和高管正在刺探零售世界，想看看前方有什么，而且对业内同行所遵守的规则嗤之以鼻。

那么，未来的门店长什么样？表现如何？听起来怎样？以我之见，未来的门店大概是这样的：

- 少卖产品，多推体验。未来的购物空间不只是为了促进产品销量而存在。我们作为消费者之所以需要门店也不再是因为要买东西。未来，所购买的商品几乎可以立刻送到家门，那么去门店只为买东西就会变成了个例。购物空间的新目标和新目的是推出与那些产品相关的体验。我们进店不是为了看看体育用品，而是要试用。我们不会驱车 5 英里去买双跑鞋。我们去购物空间是想知道哪一款鞋子最契合我们的跑步方式。我们不会去杂货店把火鸡拉回家。我们会去零售空间学习如何做好火鸡。我们在购物空间学习、玩耍、实验和体验的方式是在家无法实现的，无论有没有技术支持。

听好了

21 世纪初，搜诺斯的创始人兼 CEO 约翰·麦克法兰（John MacFarlane）提出想用无限扬声器来播放音乐，非常有先见之明。如今市场上充满了有竞争力的扬声器品牌。虽然搜诺斯的扬声器很棒（我家里到处都是），但是已不再新奇或独特。这促使搜诺斯重新思考如何把自家的扬声器卖出去。

搜诺斯问顾客首次接触该品牌的无线扬声器是在哪里，很多人说是在朋友的家中。了解到这一情况后，搜诺斯在纽约开设了首家实体店，目的是为购物者打造相同的场所和舒适感。

该品牌新建的 4200 平方英尺零售空间中设置了封闭式试听室，里面的陈设就像是时髦友人的公寓。每个房间都具备一流的音响条件、隔音，而且还是由知名室内设计师精心设计的。每个空间都配备一套独特的扬声器和设备组合，让购物者在各个房间中穿梭，拥有不同的试听体验，并且以完全体验的方式来了解不同的产品和配置。这是一个精心打造的声音天堂。

让房间设计更加完善的是别具一格的定制艺术品。这些艺术品赞美音乐、声音和科技。房间里也有开阔的休闲空间，让搜诺斯的顾客可以随意休息放松。搜诺斯全球品牌副总裁间执行创意总监迪米特里·西格尔（Dmitri Siegel）说："整个门店体验的基本理念是想让你置身于舒适、振奋的环境里，听着喜欢的音乐，但是听音乐的方式是你此前从未感受过的。"

当然，要是搜诺斯像大多数电子品牌那样做（只是把自家产品融入十分实用而简单的门店设计中，并在店里堆满存货），那么就容易得多，也没那么费钱。但是搜诺斯门店想要把产品纳入令人难忘、独一无二的体验之中。搜诺斯并不希望你只是用眼睛看产品、用耳朵听产品，而是希望你体内的每个神经末梢都能感受到产品。

搜诺斯知道，这个世界需要的电子产品门店就是这样。它需要的是这样一种美妙的空间，让人们能来这里享受听音乐带来的独特快感。

不太像门店，多讲些故事

在打造精彩难忘的顾客体验方面，没什么品牌能比得上迪士尼。任何去过迪士尼主题乐园的人都能证明这一点。大多数人都说，迪士尼非常懂得如何为人们打造生命中的奇妙时刻。难怪全世界的零售商和品牌每年都会去迪士尼，想知道迪士尼如何把这件事——打造体验，做得那么好。

最后发现，所有一切始于一个故事。

大名鼎鼎的迪士尼主题乐园设计师约翰·亨奇（John Hench）曾说："故事是支撑迪士尼主题乐园设计的基本组织原则。"亨奇及其团队认为，一个成功的主题乐园是由角色、服装、布景设计、科技和景点构成的一种时代精神，其核心是一个引人入胜的故事。"我们把空间变成了故事空间，"他说，"所有元素必须合力创造出能够响应这个故事的一种身份认同。”

亨奇多年前就意识到——而有头脑的零售商现在也开始明白，任何门店设计、科技、产品或推销都无法取代强有力的品牌故事这一基石。这并不是说其他那些东西不重要，它们当然重要。但若没有一个连贯、强有力、受人关注的故事，其他元素很可能就没有用。都是糖霜……没有蛋糕。

未来杰出的零售商会把自家的购物空间打造得不太像门店，而更像是把故事置于购物体验核心的美妙场所。比如说，第一家苹果商店的每个特征，包括门店设计、商品推销、人员配置、服务方式和店内科技，都响应“不同凡想”（Think Different）的品牌故事和挑战现状的宣传口号。从各种意义上讲，这个门店有别于此前所有的电脑商店。正因如此，这个门店生动展现了苹果的品牌故事。

所有零售商，不管卖什么东西，都要把这种故事元素注入自家的购物空间。但请注意，我并不是说要把零售空间变成古板的品牌博物馆。并不是说要通过墙上挂些标语、屏幕或图片这样消极的方式来讲述品牌故事。故事不是摆在购物者面前让他们自己看到的，而是用来吸引他们的。

我也不是说每个品牌故事都要以这样高端的方式或优越的店内美学来讲述。其实，若是精心设计、表述清晰，一元店的品牌故事也可以和奢侈品服装店的品牌故事一样强有力、吸引顾客。

最后，购物者应变成品牌故事的积极参与者。毕竟，故事是我们看到、听到、尝到、摸到和参与其中的东西。讲的是与我们交谈的人，以及我们带回家的感受。故事能让你把迪士尼魔幻王国给你的感觉带进自家的零售空间，就是让顾客有一种走进截然不同世界的感觉。

历险故事

1979 年，首家游遍天下（Globetrotter）户外装备店在汉堡开业。在其盛大的开业典礼上，克劳斯·德纳特（Klaus Denart）和彼特·勒奇哈特（Peter Lechhart）给顾客吃活的米虫。这听着不像是零售成功之道，但对于德纳特和勒奇哈特来说则不然。德纳特是个劲头十足的全球冒险家，曾划桨渡过尼罗河，也曾翻山越岭、横穿丛林。而他的朋友勒奇哈特是个专业探险向导。他们的零售故事讲述了两个人所热爱的户外探险，那么以这样的内容来开场是再合适不过了。

自这个古怪的开场后，游遍天下发展成为每年创收 2 亿欧元的企业，是欧洲最大的户外装备独立零售商，在德国开设了十几家门店。德纳特和勒奇哈特凭借的是通过购物者参与的体验来讲述自己的独特故事，而不是卖给顾客产品。米虫只是二人在店内为顾客打造的其中一种逼真体验。

现在，游遍天下的零售空间更像是为户外运动爱好者打造的游乐园，里面有高海拔冷室，让攀登者先体验一下高空环境；有容量为 22 万升的池子，可在里面潜水、划独木舟、驾驶帆船，让购物者能体验潜水、划桨和航行；有玻璃制成的攀登隧道，让爱好者和新手能测试装备；有用以测试设备和服装耐寒性的北极冷室；还有个风暴室，用来测试防水服在模拟海啸等条件下的性能。

门店的每个区域都让人得以亲身试用产品。比如说，卖鞋的专柜让顾客在模拟出的各种不同地形上行走。甚至连店内的厕所都模拟了船上和火车上的场景，而且屏幕上还显示出两旁掠过的异域风景。要是这些还不够，他们的门店还提供针对疟疾、黄热病和其他疾病的免疫接种，而店内的旅行社能帮你安排好下一场探险。最妙的是，顾客还可以在店里扎营过夜，以测试帐篷和其他装备的性能。

在谷歌上随意一搜就能看到，猫途鹰（TripAdvisor）上给游遍天下的好评比游遍天下自己发的帖子要多得多。游遍天下零售店提供的体验已变成免费媒体报道中一条很重要的信息源。

游遍天下零售空间的各个方面都明确有力地讲述了一个深刻而真实的故事，表达了对冒险的热爱和对户外运动的激情。这个故事不仅让户外运动爱好者坚信自己来对地方了，而且正如评论所说，这个故事具有转变力，能把普通购物者变成户外运动爱好者。游遍天下是生动展现户外探险的舞台，而每个进店的顾客都变成了台上的演员。

少拿，多做

今后 20 年，你会对以下做法感到惊讶：你进到一家店里，把产品装满购物篮，然后把篮子里的东西全放到一条传送带上，再把东西放回篮子，然后把篮子里的东西全放进你的车里，再从车里把东西全搬下来，最后把买到的东西放进家里。所有这些搬上搬下的行为使你看起像神经错乱了一样。好在基于我们的消费模式，大多我们经常需要的商品在我们需要的时候就能得到。

因此，我们去未来的零售空间不只是为了拿东西回家。我们去那里通常是为了做些什么。购物者不再是被动的搬运工，而是会积极地对感兴趣的产品进行定制化和个性化。

要是我们真的进入这样一个世界，让我们参与设计自己的新车，然后亲眼看着 3D 打印机把车造出来，那么我们自然就会渐渐想参与制作，让我们所购买的越来越多的东西能够契合我们的特殊需求和要求。

因此，当我们想要积极参与制作自己想要的产品时，就会愿意离开亚马

位于巴黎的 Tanya Heath Paris 鞋店让购物者充分参与鞋品定制，包括定制可更换的鞋跟。

逊、离开沙发、走进门店。参与过程、感受场景并与那里的工作人员接触，这样的体验对于我们、对于产品来说都一样重要。

我们作为顾客会渐渐从产品运输转到产品合创。零售空间就是我们的工作室！

可换跟的高跟鞋

现在有一家店在吸收这一理念，它就是精品鞋履店 Tanya Heath Paris，专做带可更换、定制化鞋跟的鞋品。塔尼亚·希斯（Tanya Heath）是加拿大人，曾在巴黎做管理顾问，也在一所全法顶尖的工程学院教授有关颠覆性创新的课程，那时候她就在构想这款产品。然后她和 14 位工程师一起花了两年半时间设计出一种鞋子，它的鞋跟高度和款式富于变化且容易更换。如今，Tanya Heath Paris 在全球范围内开了 14 家店。门店不仅提供种类繁多的现成鞋跟，而且还有驻店设计师，能协助顾客打造全定制的鞋跟，用来搭配某件衣服或配件。

美国零售商诺德斯特龙百货意识到了这种定制化趋势，所以最近购买了澳大利亚初创公司 Shoes of Prey 的股权。这家公司也是做定制鞋履，和 Tanya Heath Paris 一样，让购物者自行设计自己的鞋子，可以定制鞋子的款式、材料和鞋跟高度等。诺德斯特龙在美国开设的门店中，有六家引进了 Shoes of Prey 精品鞋店。

让顾客把自己的创意和个性添加到产品上，不仅能提高产品忠诚度，而且还能提升顾客对于零售商的满意度。一项研究表明，购物者通常愿意为定制产品多花 20% 的钱。而且，“同一厂商的顾客中，购买定制产品的顾客给企业的净推荐值（顾客忠诚度衡量标准），比购买常规产品的高出 50%”。

因此，未来的零售空间会更像是设计工作室，而不是现在这种过时的门店。

不那么沉静，更加逼真

十年内，沉浸式技术（包括 VR 和 AR 技术）会让我们能够真真切切地发现、观察和了解产品。因此，作为购物者，我们几乎就不需要只为看产品而亲自跑去店里。

现在这些大型零售卖场的仓库都是死气沉沉的，将来几乎都会不复存在。现在的家得宝门店最终会变成“幕后店”，只是网上订单的发货和提货点而已。这样的店不用再开下去了。这些零售店的时代早已过去，显得不合时宜。

未来的购物空间明白，普通的产品互动和体验不能满足要求了，因此会把产品试制、创意和技能提升至全新水平，让购物者能通过有创意、有意思的方式来使用、尝试和体验产品。要是看到床上用品商店开设了类似 SPA 中心的区域，给购物者精心呵护，让他们在所选的床垫上安眠整晚，那么也不

要惊讶。汽车经销商在自己的地盘上修试车跑道，让买家在上面试驾，而不是把这个地方当仓库。户外运动用品商店更加倚重的是郊区的快闪店。在那里，登山者、徒步者和其他户外运动爱好者自然而然地聚在一起。商店可以让他们实地试用新装备。卖各种产品的零售商都必须找到独特而有价值的方式来打造实地购物体验。

带上你的泳衣

Pirch 诞生于 2009 年，由吉姆 · 斯图尔特（Jim Stuart）和杰弗里 · 西尔斯（Jeffery Sears）创立。他们两个人是朋友，当时在做着不同的家装工程，但都沮丧地发现大型家装卖场十分冷漠，根本没有购物体验。

“吉姆在建着自己梦想中的房子，”Pirch 的首席营销官莱斯 · 穆拉德（Laith Murad）说道，“他退休了，卖掉了自己的公司，对自己梦想中的房子充满浪漫幻想，但却在大型家装卖场失去了兴趣，心生不满，还感到很灰心。”他发现，店内员工更关心的是把存货卖出去，而不是把真正契合他生活方式的东西卖给他。而且还不能试用任何产品，比如说家电。这些都令人失望。

实际上，这些体验沉闷无聊，于是西尔斯和斯图尔特就想，家装卖场的购物体验能不能变一变呢。要是按下家电的按钮时能听到按键声会怎样？或是能感受到水龙头出水的场面会怎样？要是在选购炉子时能看到炉上的火焰，甚至可以用炉子做菜，又会怎样？他们坚信，这些是更好的购物体验。

怀揣着这样的想法，他们创办了 Pirch。

如今，Pirch 开了 9 家门店，还准备开更多的店。每家门店都专门卖厨卫和浴室用品。每家门店的面积都在三万平方英尺左右，提供百分百沉浸式购物体验。你可以跟专业厨师一起做菜，可以使用家电——很多产品的价格接近豪车的价格。你还可以冲个澡——没错，冲澡，只要带了泳衣就行。穆拉德明确告诉我，每周确实有几个顾客会来冲澡！“要是不知道莲蓬头好不好用，那还怎么选？”他问得理所当然，“人们想要玩、触摸和感受。”

Pirch 的员工有着各种各样的背景，他们来自各行各业。该公司更重视的不是员工对于产品的了解，而是员工的性格。穆拉德说，产品知识可以教，一心想着取悦顾客才是重点。“有了正确的文化、展现方式和体验，零售就会变得有趣。”他补充说道，“不像有的人说，‘那我怎么能保证在每平方英尺投入的每一块钱都物有所值呢？’我们不是这样想的。”

他们的做法好像有用。实际上，Pirch 门店每平方英尺的平均销售额高达 3000 美元，超过一众业界大佬，其中包括苹果和蒂芙尼（Tiffany & Co.）。

那么，这样一个公开表示不关心销量的门店是如何创下惊人销售额的呢？是通过创建一种文化，也就是一心一意打造绝佳的顾客体验。

穆拉德告诉我，Pirch 面前的难题不是卖产品这么简单，而是“在愤世嫉

在 Pirch 展厅内，一位专业厨师在准备演示。

俗的世界里打造一种强调共鸣和真实的文化”。这一理念使得在 Pirch 门店度过的时光变得非常愉悦和难忘。

这种顾客愉悦感并不是深奥难懂的，与该公司的快乐元素宣言（Elements of Joy Manifesto）密切相关：这是所有员工都要遵守的一套指导原则。但是，与大多数沉闷无聊的员工手册不同，快乐元素宣言刚好写满一页纸，包含的语句有“要真实、没有人一定会成功，以及抽空陪伴家人，说到底，他们是你的一切”。

Pirch 坚信，要是员工能在工作和生活中获得真正的快乐，那么他们就更有可能会与进店的每位顾客分享喜悦。公司合创者西尔斯在《财富》杂志的一次采访中总结道：“我们的任务是让每个顾客都觉得在我们店里度过的时光是一天中最美好的，不管他们有没有买东西。”

我问穆拉德，如何衡量这种过分乐观的理念是否成功。他明确告诉我，他们做的不是给予拥抱和博取好感那么简单。他说，除了销售额和其他财务指标外，公司的“净推荐值（将购物体验推荐给朋友或家人的人数）”是关键。他说，“甚至连 Yelp 上的评价”都受到审核，很快又补上一句，Pirch 在 Yelp 上的评分比各地四季酒店的评分高。这又体现出该公司竞争理念的另一个重要内容。对 Pirch 来说，竞争对手不是家得宝，也不是劳氏。真正的竞争对手是市场上的其他非凡体验，而且跟产品类别无关。

少带现金、少搬运，创造更多的社区感

目前的门店是产品的聚集地，也可以说是好看点的仓库。但随着我们能够轻松自如地在各个渠道购物以及技术进步，实体购物空间需要改进，应变成人群的聚集地。

苹果公司的资深零售副总裁安吉拉·阿伦特（Angela Ahrendts）最近在描述未来的苹果零售店时说道：“我们并不需要增开门店，但我们需要开设很棒的场地，把它打造得像是城市广场，像个聚集地。”

未来的门店会呈现与一系列产品相关的活动和生活方式。我们进店与志同道合的人交流。可能在实体店里买东西，也可能之后通过其他渠道来购买，怎么买都不要紧。重要的是在这些地方的体验和互动会促进顾客和品牌之间的重要关系，建立强烈的顾客社区感。

3000 平方英尺空无一物

要破产。如今某些冥顽不灵的零售高管肯定会这样评论詹妮弗·班迪尔（Jennifer Bandier）曼哈顿店三楼的 3000 平方英尺空地。然而，班迪尔却不认为这片空地一无是处。这 3000 平方英尺是纯粹的，充满沉浸感和体验式魔力，

是展现该品牌的最佳方式。班迪尔在曼哈顿创立了同名品牌的瑜伽和健身服装店，试图在日渐拥挤的运动休闲产品市场，也就是她所说的“活动时尚”（active fashion）市场中脱颖而出。

班迪尔在小小的实体店中增设了一个很大的瑜伽和健身工作室。该工作室就叫 Studio B，每周开设 25 节不同的课程，由一群知名教练授课。“我们的课程不是免费的，”班迪尔说，“但这也是因为我们想提供最好的课程。”据她所说，工作室开张后的 3 个月里，门店的客流量翻倍。

该品牌如今拥有 5 家连锁店。班迪尔说，算上在线销售的话，销售总额有望突破 2000 万美元。她还想在二楼开设果汁吧和专辑试听区。班迪尔曾是音乐行业的高管。她指出，音乐和健身可以说是密不可分。仿佛是为了表明这一观点，门店内立了一个巨大的标志，上面写着“时尚、健身、音乐”。除了开课之外，班迪尔门店也是一个聚集地，经常围绕顾客感兴趣的话题举办活动和专题讨论会。

门店的主要区域内有一个外观更为传统的小型零售空间，有序摆放着各类产品——这是向传统零售致意。但是班迪尔绝不遵循传统。她认为新时代的零售空间会超越其历史上的商业界限，迸发出娱乐和休闲性——这里最重要的商品是与志同道合者欢聚的体验。

班迪尔和与之做法相似的品牌大声地对所有零售商说，未来的购物空间更像是共同爱好者的聚集地。零售空间内不是进行直接的商品交易那么简单，而是成为社会转型的中间点——一个与志同道合者交流的地方。

少去拉拢，多些客户

未来，大多数购买行为会变得数字化，那么零售购物空间的作用就不再

班迪尔的工作室 Studio B 能让顾客尽情享受知名教练开的课。

是把店内购物者转化成买家。转化率原来是个重要的指标，但对未来的零售商来说却没什么用。

我这样说有两个原因：第一，即便在今天，卖出产品这件事仍鲜少体现出购物体验的质量好坏。我买了个东西，并不能说明我在店内的体验如何；第二，就算我空手离开零售空间，如今看来，也不一定说明我的体验不好，可能我之后会在网上买。其实，卖出产品只是门店的部分作用。直到最近，除了店员的日常观察外，我们还是用这个指标来衡量门店绩效。

但是，未来的零售商会把购物空间内的每次交易当作体验式门户，让顾客由此通向由产品、购买方式和服务组成的整个品牌生态系统。因此，它们会利用一系列线下分析工具来更详细地了解顾客在店内的参与度。

位于纽约第五大道的班迪尔门店在底层开设的零售区。

但是，品牌如何测量这些参与度的价值呢？第一个价值是客户体验给品牌带来的间接回报。例如，据苹果公司 CEO 蒂姆·库克（Tim Cook）说，2015 年，每天至少有 100 万名购物者到访苹果零售店，全年客流量为 3.65 亿次。每个进店的顾客都可能会买东西，而且有客到访也是打造品牌印象的重要方式。

我猜，苹果公司盘算过 3.65 亿潜在正面顾客印象对该品牌的影响，以及通过传统媒体在公开市场上打造这些印象要花费多少钱。但事情是这样的：不同于一闪而过的广告，门店体验能打造出更吸引人的印象。而且最棒的是，企业投放广告要不断花钱，但是打造非凡购物体验却不用——企业已经付过钱了！门店、人群和产品都已经在那里了。

而且，顾客还会把这些体验分享给其他人。近期一项面向一万名购物者的研究指出，整整有 56% 的购物者曾将正面购物体验分享给其他人。当然，并不只是像过去那样口口相传，而是通过多种社交媒体传给更广泛的受众。

第二个价值是给善于打造客户体验的品牌带来的财政影响。弗雷斯特研究公司的一项研究显示，客户体验指数高的企业，其股票投资组合在 6 年里增长了 43%，而标普 500 指数平均增长 14.5%。与此同时，客户体验指数低的企业，其股票投资组合下降了 33.9%！

客户体验带来的第三个价值当然是门店体验对于销售额的直接影响，很多是在进店体验后的几天、几周，甚至几个月才体现出来的。研究表明，客户体验做得好的企业，其营业收入大幅提升。以营业收入为 10 亿美元的一般企业为例，逐步提升的客户体验带来的营收增量为：

- 一家快餐店可多赚 3.823 亿美元；
- 一个零售企业可多赚 3.437 亿美元；
- 一家杂货连锁店可多赚 3.436 亿美元。

未来的零售商一定会采取合适的方式将零售空间内的购物体验更好地与这些体验促成的购买行为连接起来。简单来说，未来购物空间的作用不是把购物者转化为买家，而是把购物者变成该品牌的终生狂热信徒和拥护者。

威尼斯海滩的商人

2006 年，布雷克·麦考斯基（Blake Mycoskie）在阿根廷旅游时看到有那么多穷孩子没有鞋穿，赤裸裸地面对各种潜在疾病，让他感到既震惊又难过。他大受震动，于是创立了 TOMS 鞋业，采用“买一捐一”的商业模式，该公司每卖出一双鞋就给有需要的孩子捐一双鞋。不用说，TOMS 受到了太多质疑，有质疑这一模式的可行性的，也有质疑该公司做慈善的真正目的。这是

10年前的事了，而今麦考斯基的显著成就已让很多唱反调的人偃旗息鼓。

以这样不寻常的方式卖鞋卖了7年之后，麦考斯基决定在加州的威尼斯海滩开设一个同样不寻常的零售空间——这个空间简直就是个超酷的社区聚会场所，只是伪装成零售空间而已。店内有意式咖啡吧，有很多休闲沙发，还有舒适的室外空间，可以让人们带狗过来。

这一品牌一开始是做批发和网销，开设门店的举动意义重大，让TOMS这个品牌变得真实有形。麦考斯基对于这一购物空间的设想是这样的："我们要在繁华大街旁的这个美妙空间里安装免费Wi-Fi。人们会整天在这里晃悠，而且他们不打算买任何东西。"

一些朋友和同事提醒他，这一冒险之举最终会变成一场灾难。但麦考斯基坚信，这一空间会带来商业上的成功。"我没有研究来证明这一点，"他当时说道，"但是每天来这里的人总有一天会抵挡不住人类的购物冲动。有时候你越是努力卖东西，就越是卖得不好。"

结果，位于威尼斯海滩的TOMS零售店开业6个月后就开始赚钱，18个月后现金开始回笼。就是这一成功促使麦考斯基及其团队又开了一家店。现在他们有6家店。

麦考斯基及其团队发现，让零售空间不再一味追求转化率，这样就能为品牌吸引到客户。对于这些客户来说，TOMS不再只是个卖鞋的，而是变成了他们生活中靠谱、舒适的一部分，也体现了他们的价值观。

不知是有意还是无意，TOMS打造出这样一个零售空间，让人得以一瞥未来图景。未来，门店会变成一种强有力的媒体。

17

门店即媒体

随着所有形式的媒体持续进化成“门店”，我们现在称之为门店的地方相应地就会变成一种强有力的媒体。实际上，实体购物空间最终会变成零售商或品牌可拥有的最强大、及时、可测的媒体形式。

我这样说是出于几个原因：首先，因为实体空间会让顾客拥有网店无法完全复制的、与零售商或品牌相关的体验，这让实体空间变得极为特别；其次，因为在注意力迅速转移且呈现碎片化的世界里，购物空间让购物者有机会全面（认知、情绪和身体方面）参与品牌体验，这是其他媒体形式无法持续提供的；最后，这些实体店媒体的体验非常好测量，因为这里的顾客参与不像大多数广告媒体形式中的那样是隐含的或要估算的。实体店媒体不同，顾客肯定参与其中——他们就在那里，活生生的！

谁也说不准是否有人看到了你的电视广告。更加难以反驳的是，有人确实进了你的零售空间，而且，多亏有越来越多的线下分析工具，我们现在可以轻而易举地准确测量这些实际参与行为。最重要的是，科学证明，对于切身体验的认知记忆比对于被动体验（如看到或听到广告）的深得多。

起码切身体验比其他任何媒体形式更加强有力、更令人难忘、更易测量。

但零售商想要走向未来就必须大胆转变它们对于门店、门店行为以及门店行为测量的认知。对大多数人来说，这一大转变意味着放弃相对安全性、放下不再管用的东西，转而迈入目前还未了解透彻的领域。也就是说，现在应破除当前和一直以来的零售店模式，转而设想未来的零售店能变成什么样的、会变成什么样的。

你会发现，一旦我们不再把购物空间当作产品分销点，并且开始把这些空间当作体验式媒体渠道，那么我们对其成就和效益的各种规划、设计、创建、运作和测量都会明显改变。而且这些变化会涉及所有利益相关者。供应商和零售商二者之间的关系会改变，零售店店员的角色会发生变化，对零售业高管的技能要求会全部改变，股东的期望会因新的零售环境而发生改变。

我们必须接受这一点。我们所知道的零售业结束了。

库存量减少，创造性增加

科技的发展让数字和实体之间的界限越来越模糊，因此零售商需要寻找一切机会来大幅降低拨给产品、包装和商品陈列的空间所占的比重，然后重新合理部署，要是科技有用，就利用科技来打造独特的体验。要注意的是，这些不仅仅是创意展示或装置，而是科技的运用，给购物体验增添了重大的实用性或纯粹增添了乐趣。

在数字化以前，大型零售卖场这种商业模式是管用的。你还能在别的什么地方看到那么多产品齐聚吗？而数字化以后，大卖场里的产品种类与复杂的虚拟市场比起来少得可怜。此外，受大卖场环境所限，购物者在挑选很多产品时不能安生，比如说要躲避搬运叉车。

门店面临的挑战是要扩大产品种类，同时提供更多、更好的客户体验，但又不用增加库存。

> 我们认为这（门店）是我们最大的产品。
>
> **安吉拉·阿伦特**

完美的虚拟体验

为了让顾客更好地体验产品，劳氏家装开始重新设想如何帮助顾客规划和置办厨卫用品。劳氏先从西雅图地区选定的几家店入手，与微软公司合作，将该公司的混合现实（MR）全息眼镜运用到厨房用品体验中。

有一名训练有素的门店助理协助顾客设置空间尺寸、做初步筛选，然后套上一个 MR 头盔，就能走进虚拟化的自家厨房或浴室。销售助理可以在 iPad 上看见顾客在看什么，然后针对固定装置、表面材料和布局设计给出建议，即时改变房间的装修元素。做这些更改的时候，顾客能够实时观察房间里的变化。

购物者能亲眼看到自己的定制项目逐渐成形，而且能够正确选择各种东西，包括水龙头、料理台、水槽和橱柜。比起在无数油漆色板、料理台材料和固定装置中翻找，这种方法给人的体验更好，而且肯定也更好地利用了劳氏门店的店内空间。

试想一下，有多少这样的体验最终会出现在未来的大型零售空间内。试想一下，要是你能借助 MR 技术进入自家的管道维修、电气工作和景观美化工程，而且还有个训练有素的专家教你怎么做，那该有多好。试想一下，要是你能在虚拟环境中走进自己的家，边走边试用和筛选新的油漆颜色、地板材料、固定装置和窗帘，而且做这些事的时候根本不曾走出门店！

MR 的威力让零售空间本身成为通向全新体验式世界的门户，这个世界有教育、娱乐和沉浸式产品试用。

“朋友”减少，但社交大大增加

一开始，品牌想利用社交媒体来打造客户社区。这个营销策略听起来很棒，但有个小问题——这不是消费者想要的。其实，一项研究表明，55% 的美国消费者和 63% 的英国消费者对于在社交网络上关注品牌一点兴趣都没有。是的，一点也没有。

因此，想发展客户关系、促进零售增长的举动大多失败了。这样的结果促使很多营销人员甚至是财务总监，质疑投资社交媒体的回报。

然而，无法否认的是，我们作为消费者，会相信别人对于产品和服务的看法。实际上，只有 36% 的消费者相信在社交网络上看到的广告，而 92% 的消费者相信在上面看到的熟人所做的推荐。更值得注意的是，70% 的消费者相信陌生人给出的意见！

也就是说，社交媒体的真正威力并不是让品牌能够与消费者对话，而是让消费者能够相互交流，并了解别人对某个产品或服务的看法。

而且，在购物时一定要查看社会认证——其他人对某个产品的看法，缺了这一步就会让人仓皇失措。如今，有多少人能在不了解猫途鹰评分的情况下安心订酒店？谁会在买车前不看看客观的评论，例如《消费者报告》（*Consumer Reports*）里的文章？如今有多少人在选电影前不看烂番茄上的评论？社会证明和认证简直就成了购物行为的固有部分，是决策过程的关键。

然而，我们走进大多数零售环境就像走进数字荒漠，那里根本就没有任何有意义的社交内容。连一丁点评论、评分或是用户提供的其他内容都没有，都是我们习惯在购物时看的东西。大多数情况下，我们做购买决策时能够利用的就是一张价格牌、一个标签、一个时不时愿意帮助我们的全职店员。差距很大。

其实，我们的消费思维已经快速进入了后互联网时代，但是零售没有跟上来。我们不再因技术或信息的存在而感到惊讶或惊喜，反而是技术或信息的缺失让我们更加惊喜。这一情况冲击着已经习惯了这些网购信息的消费者，让他们的认知失调达到前所未见的程度。随着时间推移和互联性的增加，这个差距只会越来越大、越来越深刻。

未来的零售商知道，社会证明现已成为根深蒂固的浏览原则，于是直接就把这项技术当作设计规则。零售商可以利用技术让顾客了解店内或网上所展示产品的实时评分和评论。

一些大胆的品牌（如诺德斯特姆），给 Pinterest 上最热门的产品贴上了“Pinterest 上的热门产品”的标签，这样就把社会证明纳入了自家门店。服装零售商 C&A 进行了一项独特的实验，也就是把产品在 Facebook 上获得的点赞数做成店内广告牌，这样一来，购物者就能立刻了解到众多产品的受欢迎程度。其他的公司，如丝芙兰（Sephora），更为大胆，把顾客对所有产品的评论显示在自家的移动客户端上。那么毫不奇怪，在位于西雅图的首家亚马逊实体书店里，产品评论就直接放在书架旁边。这些标牌跟在亚马逊网站上的样式一样，上面就写着用户对店内每本书的评论。

不太长久，越发短暂

未来，如果还认为门店是个永恒不变、铁板一块的建筑物或目的地，那就跟不上时代了。科技让品牌和零售商能够立刻把产品送到消费者面前。无论是通过由数字系统连起来的实体快闪店，还是通过肉眼看不到的虚拟门店，品牌和零售商都会适时提供空间和体验，这样一来就能利用受众、活动和场合了。

商场也会转变自己的形式和功能，增减场内的零售商、体验和空间。商场内的美食中心会被流动餐车占据，其他的轮换机制会增添商场的多样性和趣味性。所有商场很快就会拨出一定的空间给零售和娱乐界的初创公司，而且这些公司的阵容时时在变。新的活动、事件和产品会吸引购物者常常回访。

在互联的世界里，可以把零售空间开在任何地方，只要这个地方是最有意义的，而且能为各种受众提供他们最需要的产品和体验。

瑞典非常道

如何把产品和沉浸式品牌体验带给顾客，同时又不必像往常那样在门店和库存上花钱呢？宜家家居加拿大店在多伦多的繁忙街角打造了一个小空间，邀请顾客过来进行虚拟购物。宜家在 2015 年开的快闪店内有 VR 头盔，能让购物者看到所有宜家厨房用品，并进行互动。店内还有 50 种不同的宜家家居产品，但是没有购物车，没有购物篮，也没有库存。顾客会拿到一根木勺，里面装有电子标签，然后就可以浏览店内商品，看到想买的产品就用那把勺子在上面敲一下。购物结束后，他们只需把勺子带到收银台，确认订单，然后付款。他们买的东西会在当天被分拣和运送。

这样的快闪店显然会带来销售机会，还蕴含着强大的实体店媒体价值，能把商店带到购物者面前。品牌不仅能接触到传统目标群体以外的顾客，还能让顾客通过沉浸式的体验了解品牌故事、产品和购物生态系统。

现在，这类装置只是个例。不久后，临时和虚拟的购物空间会成为常态。实际上，现在整个商业正在适应预期中的快闪零售发展。

比如说，Storefront（其客户包括 Indochino 和 Ministry of Supply 之类的电商）之类的企业专门协助品牌和零售商寻找临时零售空间。租期从几个月到几个小时不等，依客户需求而定。

ShopWithMe 还更进一步，改变了“门店”这一概念。这家位于美国的公司打造出了所谓的微型自动零售店（micro automated retail stores）。这些全数字化、模块化的门店可以满足各个零售商的各种需求。门店系统中有产品目录信息，租期多长都可以。店内的操作平台上有数字化的产品信息，有需要时可以即时进行编辑。如果零售商更改产品分类，也不需要改变销售计划。零售商只需更新软件就行了，而门店会自行改变形式以适应这些变更。

实体店少了，数字少了，实体数字化加剧

未来的购物体验不再区分实体和数字，而是着眼于二者的精准融合，以充分契合顾客在购物过程中的体验。最优秀的零售商会意识到，顾客利用的所有购物渠道，无论是虚拟店、手机，还是实体店、小卖部等，都有各自的特性，然后利用各个特性，可单用也可联用，从而打造出非凡的实体数字化体验。

在购物过程中，科技不会起阻碍作用，也不会很惹眼，只是需要运用科技来增加价值或消除阻力时它恰好就在那里。

未来事物的样子

没几个零售商像丝芙兰那样大胆地将科技融入客户体验。很多零售商惊慌失措，因为它们的顾客就在走道上拿出手机来搜索信息、看评论，甚至是购买产品，但是丝芙兰的团队反而是改进店面来让顾客做这些事。丝芙兰美

丝芙兰 TIP[教学（Teach）、激发（Inspire）、玩乐（Play）] 门店。

国的创新副总裁布里奇特·多兰（Bridget Dolan）说，从来就不是门店或手机的问题，而是没有意识到两者相辅相成。“我们怎么能指望整天用手机的顾客一进店就不用了呢？”她如此说道。

该公司的手机 App 极为成功，功能性很强，让顾客能在上面购物、体验和娱乐。比如说，借助 VR 技术进行的化妆品试用、随机妆容推荐，以及教授多种化妆技巧的视频教程都帮助购物者了解到新的妆容。这款 App 内还有一样很酷炫的东西，叫作门店模式，能让顾客明白自己置身门店之中。在这一模式下，App 马上就多了个产品扫描器，让顾客能够看到网上的评论或订单，还可以获取跟逛实体店更加相关的功能。

多兰认为，要深刻分析顾客的购物过程，也要知道在这个过程中的哪个地方能利用科技来进行教育、激发和玩乐，之后才能决定在何时、何地将科技注入购物体验。重点是“充分利用各个渠道，然后把它们结合起来”。多兰补充道，了解了购物过程后，他们就看在这一过程中的什么地方能利用科技来提升体验或减小阻力。

她指出，店内的品牌超过两百个，产品库存单位有数千个，科技可以大大缩小产品选择范围。“利用虚拟技术很难感知口红的香味、质地或平滑度。但我可以站在店里，拿着手机，在虚拟环境中试用3000支口红，直到找出5支我想去实体店试的。”

丝芙兰新推出的TIP门店就完美展现了这种新型实体数字化体验——实体和数字的和谐融合。多兰说，“我们打造的体验是这样的，你想要科技的时候就可以利用它来提升体验，你不想要科技的时候就可以不要。”购物者可以进店来与驻店专家一起购物，上一节网课，或者只是自己用iPad播放教程，然后可以玩耍和体验。他们可以从丝芙兰提供的内容中获得灵感，也可以研究丝芙兰的其他客户发布的各式妆容和技巧。很多门店是把收银区设在中心位置，但丝芙兰是把教学、激发和玩乐区设在中心位置，把顾客留在店里试用产品，让他们玩得开心。

丝芙兰和其他着眼于未来的零售商并不是将科技生硬地插入客户体验，而是让科技无缝融入其中。根据顾客的需求来决定该运用哪些技术以及如何来运用这些技术。多兰坦言，有时候，某个炫酷的技术会引起她的注意。然而，她总会进一步探索，问问“这项技术的运用”如何能让顾客的购物过程变得更轻松、更愉悦。要是一点都做不到，那就不达标。

少说全渠道，多说精彩瞬间

我们很快就不说“全渠道”客户体验了，真是万幸。无数的人对近十年来出现在PPT上的这个词已经没感觉了，所以不说全渠道对他们来说是好消息。全渠道一词很快就会被扔进零售业的废语库里。其实真的不会再出现全渠道客户体验这样的东西，多半是因为购物者不再有意识地在渠道上体验品牌。顾客的体验会由精彩时刻构成：发现时刻、兴趣时刻、需求时刻、试用时刻等。正是在这些时刻，零售商可能超出预期、满足预期或惨遭失败。

此外，我们快速朝着未来进发，那时候，市场上的每个媒体都会直接通向购买行为，我们周围的所有东西都会相互连接并且智能化，因此可以说，网购不再只是一个消费渠道，而是变成唯一渠道。我们不会再用“电子商务”这个词，只说商务。

现在零售业的情况是网购占 10% 到 15%，实体店占 85% 到 90%。二十年内，这两个数值会反过来。大多数产品都是通过某种互联渠道来销售，大多数购物行为会通过某种移动形式来进行。就算是在今天，也有近 64% 的实体店内交易在一定程度上受到电商的影响，因此可以说，十年或二十年内，绝大多数商务都是电子商务。

未来的实体零售空间和现在的不同，不再是购物行为的终点，而是变成起点。实体店体验会促使消费者和品牌在网上建立长期的关系。门店会提供身体、情感和智力上的强大体验，促使消费者在生命中的这些精彩瞬间与品牌紧紧相连。但是这些时刻大多要靠网络实现。

因此，对零售商来说，与其通过某个渠道（移动客户端、网站、门店、社交媒体等）来打造新的客户体验，倒不如把消费者与品牌互动的时刻都当成重要的时刻来看。这样的时刻可能是消费者在社交网络上发现某个零售商的品牌，或是在广告牌上看到该品牌的商标，或是看见一个朋友穿戴该品牌的产品，又或是看到该品牌的一件产品出现在电影里。

第一步是要真正了解这些特定时刻及其蕴藏的客户需求。接下来，一定要把品牌和顾客相接触的这些时刻当作一个机会，不仅能借此提供正确的信息、工具和设备来满足客户需求，还能让消费者在那一瞬间果断买下你卖的东西。这些事情的开展与特定渠道的关系较小，与消费者常置身的时空和情境关系较大。他们在哪里？在做什么？有多少时间？你给他们提供的东西以及提供的方式和形式都取决于他们在那个时刻的意向和状态。最后，零售商要把这些时刻连接起来，也就是把所有客户数据连到一个中心点上，这个点越容易到达越好，让消费者能够顺畅地通向品牌。

想让自己的公司在消费者生命的每个潜在的精彩时刻都表现优异，至少需要付出极大的努力，并不是向技术提供商买现成的解决方案那么简单。先要深入了解顾客通向品牌的过程。要结合各种技术来详细了解这一过程，然后去找那一时刻最适合顾客的资源和提供资源的方法，这样做肯定就容易一些。

活在当下

户外用品零售商 REI（Recreational Equipment, Inc.）的每个决定，包括卖什么产品，都是仔细研究客户体验后决定的。REI 的数字零售高级副总裁布拉德·布朗（Brad Brown）说，首先要用到一张超级长的纸。在那张纸上，布朗和他的团队详细写下了他们知道的所有事情，思考探究他们知道的购物过程，其中有消费者调查，有购买过程的关键时刻，也有痛点和机遇。为了说清楚，布朗拿出了一张这样的图，上面只是描绘了鞋品的购买过程而已，但这张纸展开后会有会议室的整面墙那么长。

这些图是所有电商解决方案、门店运营方法、市场营销决策和零售计划的基础。所有事情都聚焦于顾客通向品牌的过程，这一过程由一个个时刻组成，也关注顾客在每个时刻的特定需求。这项艰难的工作正是很多推崇“全渠道”零售的企业没做成的事，也解释了为什么那么多企业是在白费力气。REI 现在的销售额中有四分之一以上是来自电商，但该公司意识到，剩下的 75% 在门店里产生的销售额深受电商影响。因此可以说，在购物过程中的每个潜在的精彩时刻，该公司的数字资产都必须是灵活可用的。

有个不起眼但很重要的例子能说明该公司是如何在精彩时刻提供信息的，那就是 REI 通过“深度链接”移动客户端上的内容将每个媒体体验变成了购买机会。深度链接指的是让 REI 客户端的用户能够在所接触的任何一个媒体上直接打开 REI 客户端的页面。如果 REI 的顾客在任一个数字媒体上看到 REI 的产品，就可以点击一下，然后就跳转到客户端内相应的产品页。他们想立刻购买的话，那个页面上有购买产品需要知道的所有信息和功能。购物者也可以找出最近的门店、查看库存，然后去店里拿想买的产品。在门店里，他们可以用 App 来进行扫描，然后看其他产品的评论，他们可能会在网上购买，而不是当天扛东西回家。REI 的员工（人称绿背心）也可以利用移动客户技术来获取产品和库存数据，并能详细了解各个客户忠诚奖励计划。

REI 的零售体验部副总裁伊丽莎白·多德（Elizabeth Dowd）和她的同事认为，要打造这些客户体验，关键是要把购物过程的每个精彩瞬间分解到最小，然后明白应如何将科技、信息和店内产品结合起来打造出超出顾客期望的体验。多德认为，这个过程非常需要跨部门合作，也就是说技术人员、营销人员和门店运营人员要并肩作战。举个例子，所有门店体验都是在 REI 工作室里呈现的。这个工作室是位于西雅图的一个产业空间，销售人员、顾客和其他 REI 团队成员可以在这里感受一下客户体验，然后提供反馈。

购买行为通常是自上而下的，但也会深受客户体验的影响。多德对我说，大家都知道她会刷自己的信用卡去买外面的产品，要是这些产品能改善客户体验，那就添加进来。多德说，这些辅助产品最终有很多成了品牌的核心产品，这没什么奇怪的。对于 REI 和其他着眼于未来的零售商来说，优质的客户体验不是在购买渠道上出现，而是在精彩的购物时刻，也就是发现、尝试、激发和购买的时刻出现的。

18

零售的未来

有些人在唱反调，但零售的未来是光明的。线上体验会变得更加真实可感，而强大的科技会给精彩的实体购物空间增添流畅性和价值。这两种购物体验都具有商业价值，会和谐共存、走向未来。然而，零售商与供货商之间的传统经济关系，也就是批发销售，恐怕就没有那么美好了。我个人认为，批发这一模式几近崩溃。

从双方角度来看看这种古老的关系。零售商要大量采购产品，然后放到门店销售，给产品标价、上传产品信息、培训员工、做广告宣传。他们运气好的话就能卖出产品，但是有时候回不了本。他们辛辛苦苦做这些事情就是想赚取批发和零售之间的差价。就算在情况最好的时候这也是一场赌博。

但重点是：这些零售商承接的品牌中，越来越多的品牌不只是通过零售与线上市场竞争，也大刀阔斧地开设自己的垂直一体化门店。对零售商来说，自己的供货商已经逐渐变成了最凶猛的竞争者。这根本就不是一种理想的关系。

但要说供货商是坏人还为时尚早。在它们眼中，批发也不见得更好。供货商需要根据摇摆不定的客户需求按时、足量地供货，否则就要受罚。零售商向它们要的折让和广告费越来越多，它们通常不得不放弃涨价，否则就可能被换掉。那么它们受这些苦得到了什么？大家都知道零售商用品牌来吸引顾客上钩，只是为了把他们导流到自有品牌上。更有甚者，过多的零售折扣和粗糙的客户体验快把一些品牌的家当抽空了。这也不是一种理想的关系。

这些做法都让双方关系难以为继。零售商既无法在业内开展竞争，也比不上直销的品牌合作伙伴。同时，品牌也不愿意依靠零售商去打造品牌影响力、满足客户期望、保持价格诚信和实现市场渗透目标。这样一来，市场上就会出现分歧，使得品牌和零售商之间出现一种全新的经济模式。零售业，尤其是极易受冲击的中档价格区，会分裂成完全不同的两部分。

能直销就直销

目前至少有 40% 的消费品牌在做直销。这一比例正在快速上升。比如说，耐克公司非常明确地说未来五年要把直销业务提升至少 250%，也就是把销售额从 66 亿美元提升至 160 亿美元。2016 年，耐克公司销售总额的 23% 以上是来自直销渠道。同样，时尚品牌凯特 • 丝蓓（Kate Spade New York）在 2014 年第四季度的直销增长了 28%。其他品牌，如奢侈品牌蔻驰（Coach），扬言要全面撤出百货商场，转而通过自己的品牌门店来更好地掌握自己的命运。

除了老牌子外，源源不断的新牌子完全放弃了零售分销，转而与顾客建立起了直接联系。很多牌子能够为小规模的消费群调整产品分类，并通过多种渠道直接接触这些顾客，这样一来就不需要零售分销了。

举个例子，初创美妆公司 Stowaway Cosmetics 为女士推出了一系列“尺寸刚好”的产品，可轻松放入一般大小的手提包里，而且在产品过期前可以全用完。该公司的合创者切尔莎·克罗利（Chelsa Crowley）和朱莉·弗雷德里克森（Julie Fredrickson）了解到，四分之三的女性没有在化妆品过期前用完这些产品，所以她们就大胆改革常规的化妆品容量和尺寸。她们完全避开了零售，将产品的尺寸减半，价格也减半。像 Stowaway 这样的品牌省去了传统的广告费，砍掉了额外支出，转而依靠社会口碑和影响力营销。

这样的变化已经让品牌及其零售伙伴之间产生了一些非常不愉快的对话，很多零售认为直销是一种背叛和攻击。但要记住一些事情，直销不代表违背商业准则。直销是一种回归，回归到延续了几百年的事物存在方式上。制造商及其客户一贯享受一种非常自然、合适的关系。毕竟，谁能比生产产品的人更真切地了解产品呢？谁能比生产者更认真地维护品牌声誉呢？近期的一项研究表明，品牌或制造商网站的访客中，超过 50% 的人想直接购买产品。

当前的零售业基本上是工业革命的副产品。当时的制造商想要进军日益扩大的城市市场，那么就有必要搞工业革命。这些制造商能够通过零售分销来分散进军这些大众市场的风险。分销层级越多，供应链上的每个人所承受的风险就越小。市场发展起来，分销层级也增加。在 20 世纪，这些层级让进入市场、满足市场的过程变得更加顺利，现在却越来越像是阻力。

现在，品牌可以直接服务于各个顾客，而且品牌也更倾向于这样做。毕竟产品通过分销层级就要涨价（涨幅通常高达 100%）。一双 20 美元的鞋子卖给消费者的时候就要卖到 100 美元或是更贵。现在制造商就开始问了："为啥？"

要是零售商觉得现在跟品牌的关系已经算难搞了，那就等着看我所说的这些科技完全显现其影响力，到时候情况会更难搞。试想一下，有一天，传感器可以直接下单再买一双新的耐克鞋，来替换穿坏的那双，那么整个市场会有多大变化。或者，有一天，我对着个人数字助理说"奥利奥"（Oreos）这个词，就能下单购买更多的奥利奥；有一天，人工智能和预测算法能够处理我们日常生活中的大多数需求。

曾经，对于想要扩大客户群的品牌来说，经销批发是难以避免的灾祸。你需要很多分销渠道才能接触到很多人。然而在新时代中，品牌可以采用一对多的销售模式，而且也越来越倾向于这样做。批发的时代会平稳地走向终结。

体验式零售商的兴起

越来越多的品牌直接把命运掌握在手中，把顾客引进门店，因此市场上会慢慢出现裂缝。这些品牌会打造专属体验，聚焦深层次的品牌故事讲述和强烈的产品参与感。

这意味着消费者也能够体验一些范围内的多种品牌。正如我所说的，与此同时，我们也期待独特而吸引人的体验。这会催生与众不同的体验式零售商（experiential retailer）。它们会深入一系列产品，为各种品牌和产品的消费者打造非凡体验。

体验式零售商既是媒体机构，又是销售代理，也是设计公司，会利用自家的实体购物空间为一系列产品打造完美的消费体验。它们会定义和设计最理想的体验式购物过程，会聘用专家（“产品大使”）和运用技术来打造出十分独特、非凡和难忘的东西，让这种体验长久地留在购物者心中。

这些新时代零售商唯一的目标就是大幅推动销量，大量卖出投放在各个渠道的品牌产品。现在的门店只是一门心思地关注店内销量，而未来的购物空间把自己定位为真正的“全渠道”（everychannel）枢纽。也就是说，这些购物空间会通过多种方式来服务顾客，这从根本上讲会涉及空间本身、供货商及竞争对手——没错，连竞争对手也包含在内。谁卖出产品、怎么卖的、何时卖出都不太重要，重要的是提供促成购物的强大购物体验。体验式零售商摆脱了每平方英尺销售额的枷锁，会为购物者提供多种多样的产品，其中包括大品牌和初创品牌的样品。

惨兮兮的产品和货架会让位给创意十足的空间设计和巧妙的销售手法，把空间打造成媒体，让顾客与产品充分互动。社交媒体会融入体验之中，让评论、评分和产品对比分析出现在货架旁。这样的空间会变成沉浸式和体验式的产品广告，直接通向整个分销渠道网。

能够设计和推出这些精彩客户体验的零售商绝不会满足于赚取微薄差价。它们会根据品牌的积极曝光量和店内产品数量来向品牌收取预付费，也就是“广告价钱”（card rate）。品牌会愿意花这笔钱，请这些非凡的未来实体零售媒体空间展示它们的产品、讲述它们独特的品牌故事。

讲故事的门店

在曼哈顿的下西区有个 2000 平方英尺的空间，略微展现了未来零售的样子。STORY（意思是“故事”）公司的创始人瑞秋·谢赫特曼（Rachel Shechtman）是个极具领袖魅力的企业家，有零售和营销背景。如谢赫特曼所说，STORY 这个空间“拥有杂志的视角，像画廊一样每四到八周把所有东西换一换，也像门店一样卖东西”。

谢赫特曼也笃信零售能够应该成为一种强大的媒体。她告诉《纽约时报》：“你看看某些品牌的占地空间，看看消费者在那些空间里花了多少时间，为什么不把那个地方变成媒体渠道呢？”她继续说道，“在店内购物花的时间比快速翻阅杂志用的那 30 秒钟要长。”

谢赫特曼指出，科技完全改变了我们的网购方式，但零售业在改革线下

创始人瑞秋·谢赫特曼说，位于纽约西区的 STORY 门店“拥有杂志的视角，像画廊一样变换，也像门店一样卖东西”。

购物方式上还做得远远不够。零售商很少将购物空间内的体验量化，更不用说将这些体验变现。而变现正是谢赫特曼及其团队在 STORY 做的事情，而且他们每年要进行 8 到 12 次。简单来讲，品牌付钱给 STORY，让 STORY 讲述品牌故事。

谢赫特曼为吉列、通用电气、家得宝、美国运通等品牌打造了各种各样的故事。品牌（谢赫特曼称之为编辑）至少要花 40 万美元来与她一起编故事。这些故事可能是关于爱情、旅行、男人和女人，也可能是其他主题，都是为了展现和赞美店内陈列的产品——大多是寄售品。

STORY 既接大品牌的生意，也支持纽约的草根企业群，通过举办创业路演会（pitch nights）让本地工匠、小制造商和手艺人阐明 STORY 为什么应该推他们的产品。

谢赫特曼承认，STORY 的概念并不适用于所有市场，但她认为，品牌忽视了能将门店变成媒体渠道的一个绝佳机会。“星巴克开在美国的店每周能吸引 5500 万人进店。塔吉特每月吸引顾客 3000 万。还有那么多其他零售商，而只有星巴克能达到这个规模，那么品牌为什么不多花点心思在这些空间上，为什么不把这当作一种营销和广告工具而非只是提供消费呢？”

如何衡量一个故事的影响和价值呢？事实是这样的，谢赫特曼给这个空间配备了相应的技术，可以测量顾客在店内的购物过程，以及他们所接触展品的详细信息。她说，对顾客来说，门店就是要好玩；对于品牌而言，门店要提供后端数据和分析，弄清楚产品和内容的接受方式。简而言之，STORY 是一个强大、可测的实体互动式品牌媒体形式。

虽然谢赫特曼的 STORY 大获成功，但是零售界的保守派中有很多人马上就嘲弄了这个概念，认为这个创意不能运用到“现实世界”。认识到这一点后，我就想把用谢赫特曼的媒体模式放到严酷的传统零售标准下来分析。我想，要是比较一下 STORY 和梅西百货门店平均的每平方英尺销售额，结果会如何呢？

我得承认，这些数字（见表 18-1）只是我的估测，谈不上科学。

表 18-1　STORY 和梅西百货门店平均的每平方英尺销售额对比

门店	门店大小	全年收入（估计）	每平方英尺收入
STORY	2000 平方英尺	420 万美元 *	2100 美元
梅西百货（平均值）	15 万平方英尺 **	2700 万美元	180 美元

* 估算依据：据说每年打造 8 个品牌故事，平均每个故事创收 52.5 万美元，已扣除寄售品销售额。

** 根据占地较小的新门店估算出门店大小。

因此，有了“零售即媒体”这一模式，STORY 的每平方英尺销售额差不多是梅西百货的 12 倍。

然后，我想，就算梅西百货的门店面积中只有一半采用类似的“门店即媒体”模式，结果会如何呢？这会对梅西百货的总收入产生什么影响呢？梅西百货的实际占地面积更大，而且还有其他可能存在的变量，所以为了贴近实际，我把 STORY 超高的每平方英尺销售额降低了近一半。表 18-2 是我预估的情况，也就是梅西百货的门店面积中有一半采用“零售即媒体”模式。

表 18-2　　梅西百货一半面积采用“门店即媒体”模式的结果估测

模式	总收入	合计
一半门店面积采用现行的传统销售模式，每平方英尺销售额为 180 美元。	1350 万美元	9600 万美元
一半门店面积采用“零售即媒体”模式，每平方英尺销售额为 1100 美元。	8250 万美元	

这样一来，把销售额和零售门店收入都算上，单个梅西百货门店的总收入从 2700 万美元升至 9600 万美元，年收入增加了 6900 万美元。这还只是一个门店的情况。

更贴近现实一点，就算梅西百货的门店面积中只有四分之一变成体验式的，那么收入也会增加近 3500 万美元！更重要的是，该公司不用增加库存，不用招聘一大批新员工，也不用增加广告投入，就能实现这样的收入增长。梅西百货会以新的方式与供应商合作，共同打造出顾客肯定会喜欢的东西！

这种零售媒体模式适用于所有的梅西百货门店吗？不大可能。但这一模式可能让单个门店的收入提升近 350%，所以也不必在很多家店都起作用才能全面提振该连锁品牌的业务。

梅西百货门店所拥有的是消费受众，现在需要做的是用非凡的体验式空间来取悦他们！

零售即数据

这种新型体验模式要求零售商在提供体验、创造流量和促进下游销售方面不仅要讲究质量，也要能够进行量化。空谈客户愉悦感和参与度是不够的。体验式零售商需要知道谁进店了、他们是独一访客还是重复访客、他们去了哪里、他们参与了什么并且进行了多久、他们访问后做了什么。零售商不仅要测量购物者的情况，还要测量他们对体验的整体反馈。

最终，一系列技术让人能够全面了解一个个精彩时刻组成的体验，不仅是门店中的体验，还包括门店所在购物中心里的体验。然而，跟现在的情况不同，将来运用这些技术更多是为了从购物者身上获取有价值的行为信息和态度数据，而不是推送产品、折扣和促销信息。现在的零售商是钝器，而体验式零售商会以外科手术式的精准度在未来的零售空间运用这些技术，这些技术包括：

- **匿名人脸识别**。可以全面了解空间中的流量水平以及受众的人口统计特征情况，使零售团队能够实时调整环境条件（光线、音乐、展示、体验）；
- **信标技术**。可以了解消费者最需要什么信息，或是了解消费者正从店内的特定种类、产品和展示中获取什么信息；
- **情绪追踪**。可以弄清门店体验中的哪些内容让购物者感到高兴、无聊、沮丧或疑惑，使体验设计师能够对空间进行实时修改；
- **试衣间技术**。可以判定哪些品牌、产品、尺码和款式被试穿了，还可以通过大数据分析来提供配套产品推荐，还能提供可预测的产品类别购买分析；
- **交互式标识和标签**。可以根据购物者的人口统计特征和忠诚状态来传送信息以及制定价格；
- **会员或用户识别**。可以将店内体验和之后在手机或其他渠道的购买行为连接起来；
- **手机参与**。可以揭示消费者扫描店内产品后获取的信息，以及这些辅助信息对于当下和潜在购买行为的影响；

- **手机识别追踪**。可以利用智能设备上的蓝牙信号来识别进店的人是独一访客还是重复访客，也可以了解平均逗留时间；
- **电子标签（RFID）**。可以全面了解最常被浏览、触摸和放弃的产品是哪些；
- **销售助理参与和客户服务**。可收集购物者最常提出的问题，也可了解各个购物者品位和喜好上的变化，使分析人员得以预测未来趋势；
- **视频分析**。可以了解顾客的逛店路径，辅助设计人员修改门店设计，从而提升体验。

显然，对于零售商及其合作品牌来说，实体零售空间产生的数据量十分惊人，而且非常有价值。

了解了这些之后，另一级别的体验式零售商就是通过将门店每天收集的海量顾客数据变现来获取收益。这些数据能显示谁进店了、他们是新访客还是回头访客等，还能显示他们看了什么、跟什么产品互动以及进行了多长时间，还有这些互动最终会带来什么结果。顾客最后买东西了吗？若是买了，买了什么？何时何地买的？他们跟别人分享体验了吗？若是这样，那么是通过哪些社交渠道分享的？这些体验式零售商会把自家的零售空间当作活的网站，用来收集和整编关于体验的各种内容以及其他信息。他们会向品牌收取费用，然后才让品牌获取和了解这些数据，以及店内产品周围进行的对话，甚至还有门店体验所引发的行为。

现在在 B8ta

在加州的帕洛阿尔托有一家小店，与 STORY 及纽约的陋巷相距近 3000 英里。这家店叫作 B8ta，也为未来零售开辟了一条路。B8ta 于 2016 年开业，专门展示别具一格的一系列互联设备，其制造商从《财富》500 强品牌到鲜为人知的初创品牌应有尽有。这样一来就呈现出独具特色的产品组合，这是不大可能

B8ta 利用先进的线下分析技术来监控和测量顾客与店内产品的互动情况。

在本地的百思买门店里看到的。除了产品之外，B8ta 的不寻常之处还在于它的商业模式。该公司几乎全靠将门店产生和收集的消费数据变现来创收。

这个概念开始做起来是因为Nest公司的四位前雇员，即维布·诺比（Vibhu Norby）、菲利普·劳布（Phillip Raub）、威廉·明顿（William Mintun）和尼克·曼（Nick Mann）断定，零售基本上就是个有问题的模式。他们认为，产品进店要花太长的时间，而且最有趣的产品中有很多不能上架，因为这些不是热销产品。此外，大多数零售门店没有创造条件来让购物者与产品互动，或是学习和体验他们能做什么，基本上是因为大多数门店里充斥着无用的产品展示和一箱箱库存。零售模式中的这些显著缺陷促使他们创办了 B8ta。

B8ta 的任务不是卖东西，而是尽可能为顾客打造最佳的产品体验。这个小型空间被打造成了一个极客乐园——一个展现创意精妙的科技产品的微型陈列室。从机器人和无人机到互联家庭设备应有尽有，你会在 B8ta 找到此前从不知道的东西。每件产品都有专用的空间、数字业务员和显示产品信息和价格的互联标识，而且还有经验丰富、态度友善的店员为顾客提供一对一服务。

此外，B8ta 直接将品牌和店内产品相联，让品牌能够掌握与产品相关的营销信息、定价信息和培训材料。品牌能够实时调整产品，尤其是新产品的信息和定价，让研究能力和市场测试能力又更进一步。

但 B8ta 和传统零售商最显著的区别是，B8ta 的零售空间其实就是个动态的网站，站内发生的所有事情都能被捕捉和记录下来，成为分析程序包的一部分，而这个程序包会实时传送给订购这项服务的品牌和制造业合作伙伴。品牌能够全面了解哪些人与产品互动、如何互动以及进行了多长时间——这些准确的实时观察会是品牌，特别是初创企业的无价之宝。B8ta 的合创者菲利普·劳布告诉我，他的团队目前也在设法把店内体验和下游购买行为连接起来，这样才能把路径补全。

劳布指出，顾客在 B8ta 门店的逗留时间比在别的电子产品商店长得多。我在 B8ta 开业不久后造访这家店时就注意到了这点。购物者好像是从一个产品转到另一个产品，差不多把所有东西都试了一遍，就像在玩具店里的孩子一样。

公司 CEO 及联合创始人维布·诺比认为，零售“最终会用来做营销，而不是搞销售。供货商就是为了这个才付钱给 B8ta，一个月内有（数千）人首次试用和看见它们的产品”。

也就是说，未来的门店不只是将体验变现，而且也把这些体验产生的数据变现。

店员减少，品牌大使增多

零售的未来朝着一个全新的方向前进，那么零售店员的未来会如何呢？好吧，完全就没办法说得委婉一点。零售店员的日子到头了。我所说的店员指的是千千万万个负责收银、在门口迎客、清点库存、查看价格、扫描条形码、整理购物车和尽量记住多种细碎产品信息的员工。这些工作会在20年甚至更短的时间内几近消亡。

引起这一变化的部分原因是客服期望和现实情况之间的差距迅速扩大。最近的一项调查显示，如今有整整48%的购物者认为自己比前来提供帮助的销售助理更加了解自己要找的产品。他们的想法很可能是对的。说到快速收集某个产品信息，现在比以前任何时候都容易。

更令人震惊的是，67%的受访者不能确定前来提供帮助的销售助理是否会说实话。我猜想，与其说这是顾客多疑，还不如说这是因为现在点击两下就可以找到任何问题的正确答案。我们更相信谷歌而不是店员，而且现在这个世界，部分正确跟全错差不多，因此店员的相对效用降低。实际上，谷歌发布的研究报告显示，三分之二的购物者说他们在店内找不到需要的信息，因此差不多有一半的人会失望地离开。

更糟糕的是，零售和服务业的员工一直在争取更高的薪资。众所周知，零售业开的薪水少得可怜，没什么人会为这样的低薪辩护。比如说，在美国，2015年零售业全体员工的工资中位数是每小时10.47美元，也就是每年21 780美元。同年，美国四口之家的贫困线标准是24 250美元。也就是说，对至少一半的零售店员来说，靠工资养活另一半和两个孩子就意味着生活在贫困中。

你可能会认为这样的低薪使零售店员与科技的颠覆绝缘，但其实低薪让这些人更容易受到冲击。原因是这样的：联邦政府制定的最低薪资标准目前卡在每小时7.25美元（一些州的最低薪资标准略高于这个数），但是劳工组织一直在争取将标准提升至每小时15美元。美国有两个州，即纽约州和加州，已经签署议案，决定把最低薪资标准调到每小时15美元，另外还有9个城市同意

软银机器人公司（SoftBank Robotics）的机器人 Pepper（意思是“胡椒”）在店内回答购物者的简单问题，并探测他们的情绪状态。

将时薪 15 美元定为最低薪资标准，其中一些城市从 2017 年就开始实行了。

此次涨薪有个内在的问题，要分两部分来看。一方面，大多数经济学家认为，就算把最低薪资标准提升到每小时 15 美元，算上通货膨胀的话，薪资水平还是没有达标。因此，提升到 15 美元很可能只是个垫脚石，会让一直以来的涨薪压力越来越大。虽说从道义上讲涨薪是对的，但并不意味着个人生产力会相应提升。也就是说，时薪 9 美元时的工作性质和生产力很可能跟时薪 15 美元时的没什么不同。调薪意味着要降低公司利润或调高产品价格。当然，我们可以就企业和消费者的贪婪讨论一下更为宏大的伦理问题，但这不能解决眼前的问题。

另一方面，让店员的处境更加艰难的是，一大堆科技蓄势待发，准备要取代店员的工作。举个例子，位于加州的 Simbe 机器人公司（Simbe Robotics）近期推出了机器人 Tally（意思是“理货”），这是全世界首个全自动理货机器人。Tally 充一次电可以工作 8 到 12 小时，可以走在超市的过道上，一次扫描就可以检查和记录两万件产品，而且精确度接近 100%，然后就把这些信息传给门店管理系统，并接收行动或更正指令。这些机器人连最细微的货架错误或是缺货情况都能监测到。Simbe 首席技术官米尔扎·沙（Mirza Shah）说，像西维斯（CVS）和沃尔格林（Walgreens）这样的公司一周要花 25 到 40 小时的人力时间才能赶上 Tally 的工作量，但就算是那样，人工作业的准确率要低得多。

位于新英格兰地区的机器人公司 Symbotic LLC 研发出机器人自动仓储技术，让机器人能在仓库过道快速移动，还能爬上货架整理货品，花费的时间只是人工作业时间的一小部分。因此，这项技术能让人工成本大降 80%，可将仓储面积减少 25%～40%。塔吉特现在就将这项技术运用于该公司设在加州的最大分销中心之一。

你可能觉得库存和仓储工作更适合机器人，而销售助理的角色需要人情味，劳氏却不这么认为。该公司花了两年的时间在加州圣何塞的奥查得五金商店（Orchard Supply Hardware）里调试机器人，近期宣布即将在旧金山地区的门店投放机器人“战队”。这些机器人叫作 LoweBots，可以按照程序指令在店门口迎客、用多种语言作答、回答产品咨询，并能引导顾客找到想找的产品。而且，店员可以在 LoweBots 上了解最新的价格和库存。此外，这些机器人能够立即分析数据、探测逛店路线，这些信息可能会影响经营决策。机器人不需要午休，不用请病假，还不要求付薪水！

要是顾客不知道自己想要或需要什么产品怎么办？科技能帮助他们找到合适的产品吗？位于孟买的 Fluid AI 公司与 IBM 和美国零售商乐斯菲斯（The North Face）合作，打造出名为私人购物专家（XPS）的人工智能购物机器人，就是要解答以上的问题。Fluid 将 IBM 的沃森（Watson）系统用作机器人的大脑，打造出一款客服界面。有了这个界面，顾客只需回答应用系统提出的一系列问题就能找到最合适的夹克衫。这款应用利用自然语音处理技术，逐渐缩小产品选择范围。比如说，你一开始可以说："我需要一件夹克，要在秋末去佛蒙特州旅游的时候穿。"然后，程序会问你各种相关问题。它可能会问你计划做什么，或者问你对于夹克重量的喜好。你每回答一个问题，人工智能机器人就修改可能合适的产品推荐，最终找到一些符合各个标准的产品来推荐给你。这项技术只会越来越好，因为使用这个程序的人越多，机器人就变得越智能。IBM 公司对此深深折服，于是在 2016 年 10 月收购了 Fluid 的 XPS 技术。

要是你也认为我们与生俱来的同感性和敏感性会让人类免于被科技取代的厄运，那么你要知道，软银机器人公司正在将情绪敏感性赋予自家的人形机器人 Pepper。Pepper 不仅能回应指令，还能感知用户的情绪状态。

软银机器人公司副总裁史蒂夫·卡林（Steve Carlin）也认为这些是强大的新技术，但绝不认为这会引发什么机器人大灾难。他觉得，至少在现在，机器人在零售环境中的运用还是限制在低端操作任务上，比如给顾客做导览、收集有关产品或服务的基本信息。他并不认为很快就会有很多机器人取代店员。

然而，牛津大学近期的一项研究表明，机器人和人工智能对零售业雇佣情况的影响很快就会显现，比大多数人认为的要快。这项研究调查了不同类别的员工被科技取代的可能性，结论是前线零售店员在 10 年内被科技取代的可能性为 92%。因此，各地零售商在未来几年要做出艰难的抉择。

所以，沃尔玛一类的公司会对这些技术感兴趣也是理所当然的。毕竟该公司在美国的 4000 多家门店雇了超过 130 万名销售助理。就算只是用科技取代一小部分销售人员，可能节约的成本也会是天文数字。而且并非只有沃尔玛可以这样做。在北美市场上，零售业雇用的人员最多，从业者超过1500万，而且这个行业的盈利能力一直受到挑战，因此用科技代替人工可能带来的好处必然十分诱人。

让这个东西自动操作

这并不是意味着我们很快就要在反乌托邦的未来门店里购物，里面一个人都没有。其实，虽然机器人技术和人工智能比人类更擅长做重复性和线性的工作，但是它们不擅长的事情也一样多。

一则，机器人不擅长做精细动作，要操作和演示复杂的物品或任务就很难，也很慢。而零售空间的体验性增加，就需要人去为消费者操作和演示产品。人工智能很擅长检索事实数据、解决线性问题，但不是很有创意，有时候找不到横向解决办法，更不用说与顾客建立情感联系了。科技本身并不会是最优解。

人类首先展现的就是人性。未来的零售店员会是有创造力的问题解决达人，会运用水平思维来协助顾客。他们会善于利用科技，会利用客服解决方案和其他技术，为购物者提供专业指导和个性化建议。未来的零售助理会变成品牌大师——对零售商的产品极为狂热的超级用户，可以跟顾客谈论第一手资料。他们就是品牌的化身。

尽管如此，未来的零售助理不需要为了基本生活工资去示威抗议。雇主反而非常想给他们支付高薪，因为未来的零售购物空间是科技的效率、效力与人才的专业、激情、同感、创意的完美结合。零售不再是现在这样的一份工作，而是重回应有的地位，成为可以让人引以为傲的一份职业。

19

一个崭新的时代

要是觉得零售业不太可能发生这样量级的变革，要是无法想象体验会变成主要的零售收入来源，那么请想一想音乐行业的经济转型。二十年前，知名唱片艺术家的收入主要是来自唱片销量。其实音乐家进行现场演出也只是为了多卖唱片。如今唱片艺术家的收入中，平均只有 6% 来自唱片销量，94% 来自其他活动，至少是来自现场演出或登台表演。这个模式完全颠倒过来了。

同样，优秀的零售商会在创建商业模式时多考虑提供和测量围绕产品进行的门店现场体验，而不是只寄希望于卖出产品、赚取不断减少的差价。其实，体验会变成零售商所卖的产品和主要品类。

长期以来，品牌和零售商之间是敌对关系，但从长远来看，双方关系会完全改变。买方和供货商不会再就产品价格进行激烈谈判。不必不择手段地刺激销量或砸钱营销。没有满足预期的品牌不会受到惩罚。在即将到来的零售媒体时代，零售商不再是品牌的客户，相反，品牌会变成零售商的客户。你没有看错。零售商会为品牌工作，而那些做出成绩的零售商会为此收费。

最重要的是，购物者会享受到一种非凡新格局带来的乐趣，那时候，零售业会再次焕发魔力。购物空间和科技合力打造出精彩难忘的时刻。这是一个崭新的零售时代，每个购物空间都是一流的。

第四部分

再造零售

20 建造未来

无论你是纯电商，还是拥有五千家实体店的连锁品牌，你也会跟其他人一样，看到零售业的未来图景与现在的截然不同。门店的概念、消费者的购物方式，甚至是零售业的商业模式会在今后的几年乃至几十年内彻底改变。零售确实完全改变了。

未来，体验会变成产品，也是很多零售商获得持续收益的唯一来源。善于打造难忘体验的零售商肯定会比原来单靠产品销量的时候赚得多。有些零售商会利用这些体验来促进购买点生态系统内的产品销量，其他零售商则会把体验变现。

在焕然一新的零售未来，你的企业会变成其中重要的一部分，还是只是零售历史上的一个脚注？最终选择权在你的手中。我很相信愿景的力量——如果能设想出渴望的未来图景，那就能将之实现。如果你能设想出这本书指出的未来图景，那我相信，你很有可能会转入那样的未来。问题是怎样开始做才是最好的。

我与那些积极再造零售的公司进行了交谈，随后发现，没有最好的方式。

没有一家公司试图把未来图景全搞清楚，也并不存在所谓的零售规则。也就是说，那些勇于挑战极限的品牌、零售商和科技公司之间存在显著的共同点。

其中最重要的一点是它们都接受了一个残酷却异常有理的事实，那就是没有人真的需要它们卖的东西。它们意识到，在数字化到来前的世界里，消费者面临的最大难题是稀缺性。想找到可做替代的产品、品牌和零售商很难。普通的牌子就靠这个存活。而在数字化的世界里，稀缺性不再是个问题。消费者的指尖有无限的选择，而且无处不在的科技还能立刻进行筛选，帮他们找到最合适的产品。

全靠替代产品的稀缺性来撑起竞争力的公司会前路艰难。你可能会执着于自己的产品以及这些产品比对手多出的些许优势，但现实是如果明天你的公司倒闭，伤口还未愈合，消费者就已找到别的东西来代替你的产品。除非你有幸卖专利药品或某些非常独特的产品，否则你就要和我们面临同样的现实：没有人需要你卖的东西。这是个坏消息。

好消息是这个世界迫切需要你卖东西的方式——你围绕产品设计出的独特、精彩、可拥有的体验。买东西的方式会最终把你和你的对手区分开来，并让你赢得消费者的心。买东西的方式会创造出无形的价值，消费者愿意在上面花更多的钱。买东西的方式会让消费者离不开你的公司。

需要打造精彩体验这件事听起来理所当然，但不妨想一想，有多少公司做买卖的方式真的与其他公司不同。大多数鞋店都是一样的。大多数快餐店是用相同的方式来做事。大多数百货商场别无二致。这种雷同并非巧合，而是有计划有步骤的。零售商去参加同样的行业会议、阅读同样的行业杂志、与同行业供应商打交道。它们遵守同样的法律、雇用同样的顾问。它们全都摄取同样的原材料，因此就变得非常相似。

同样的相似性还出现在电影院、酒店、银行、购物中心——凡是你能说得出的都是这样。业内同行根本没有区别，其实是变得越来越像，这甚至可能让它们变得商品化，而且还让整个行业容易遭到外来者的颠覆。我们每天都能看到这样的颠覆在身边出现，而且常常引发地动山摇的后果。

你觉得福特、通用或克莱斯勒能想到特斯拉这家成立不到 20 年的公司，能够重塑汽车生产、销售和维修方式吗？吉列能想到剃须刀片订购公司 Dollar Shave Club 卖刀片卖了 1.5 亿美元，并且公司市值涨到 10 亿美元吗？希尔顿酒店能想到爱彼迎这家一开始在旧金山的一个客厅内放空气垫的初创公司，在成立后的 7 年内，每年安置的人和管理的房间比希尔顿的都多吗？

> 我们试着理性地想想，为什么其他领域中的创意不适合我们，而不是探究为什么适合。
>
> **乔治·布兰肯希普（George Blankenship）**

这些例子都表明，我们已经退出了那种将成功与规模、人力资源、机械以及资本相关联的商业时代，进入了另一个时代，任何拥有颠覆性想法的人都能瞬间彻底改变整个行业的轨迹。

这个新时代告诉我们，真正的竞争不再是来自已知的对手。其实，你越是盯着已知的对手，你的盲点就越大，就越看不到颠覆者。我让客户这样想：试想一下，现在在帕洛阿尔托有个 24 岁的年轻人，住在父母家的地下室里，正研发着能让你的公司倒闭的东西，因为可能就有这么一种东西。问题是，你能不能率先研发出来？你能不能成为行业颠覆者，把已知的对手甩得远远的？也就是说，能不能在他们把你整破产前实现自我创新？

21

为创新搭台

我们知道变革在飞速发展，但也要明白，那些轻易实现、稳步发展的创新之举在以前是可以维持企业运作，但现在不管用了。未来只属于那些能够快速进行创新的人。

我一直觉得很有意思的是，很多公司通常误读了创新这个概念，充其量只是随便支持一下。比如说，我所打交道的公司基本上都说很重视创新。它们盛赞创新是企业美德，认为创新是企业决策的核心。大多数公司认为创新已经融入了它们的品牌价值，而且好像都认为化解持续不断的颠覆靠的是持续不断的创新。也就是说，创新就是王道！

但有多少公司是真的在努力识别、测量、培养和奖励能够激发这种创意的人类组织创造力呢？我随便用一只手就能数得出来。这特别讽刺，因为大家都知道企业连最琐碎无聊的东西都要测量，但企业最忽视的就是创造力的巨大价值。更有甚者，有的企业把创造力当作黑魔法，就像闪电一样会自发形成。创造力确实是一种测量得极少、被误解得极深的公司资产。

因此，虽然几乎所有公司都渴望创新，但是没有几家公司真的是创新公司。我们应对此感到惊讶吗？毕竟，在安排合适的人去做创新项目之前，怎能不先了解一下公司里最有创造力的员工是哪些人呢？企业想把创新当作指导方针，怎能不培养一种有支持力、大胆创新的文化呢？你想让人花时间去搞创新，怎能不奖励创造力呢？显然，这些不能不做，而这就是问题所在，因为要想取得商业上的成功，现在比以往任何时候都要依赖创新。

亚马逊在最新的季度报告中列出了该季度的“重点”，能让你更加理解眼前的状况。这些重点包括26个不同的重大举措——新的产品、技术、项目、内容、平台、联盟和商业模式。对大多数公司来说，一年26个任务算得上是雄心勃勃了。在亚马逊，用一个季度做这些很正常。亚马逊确实是个创新工厂。因此，无论你是谁，无论你卖什么，只要你不想出局，那就需要不断地进行创新，而且要立刻开始。但我猜想，你已经觉察到了这一点。

其实，跟我交流过的高管中有太多已经明白自己公司的创新工作还做得不到位，但又对创新方面的组织惰性失望透顶。他们说，难点在于从何处开始启动创新引擎、推动企业前进。明白了这些以后，不妨通过以下几种方法来释放企业的创造性。

先来定义“创新”

你可能认为企业天生就该明白创新是什么。我也多次听到高管们谈起自己公司的“创新之举”，但那些常常不是真正的创新。那些可能是有价值、有抱负的举措，但并不是创新——两者是有区别的。那么，创新到底是什么？韦氏词典给出下列简单定义：

- 1. 一个新的想法、策略或方法；
- 2. 引进新想法、策略或方法的行为或过程。

这表明，创新的东西首先得是新的或原创的，是前所未见的。但是，高管们谈论自家公司在做的事情时说到的那些往往不是创新。那些事情不是全新的或原创的，而是既有之物的再现（iteration）。

举个例子，我们通常认为苹果是智能手机领域的创新者，但并非如此。其实，第一台智能手机是IBM公司在1994年推出的Simon手机，还配备了触摸屏。13年后出现的iPhone巧妙再现了智能手机技术，拥有一些极为创新的特点，如多点触摸屏。

这听着像是在挑刺儿，但是对企业来说，分清“创新”和“再现”并找到普遍认可的内在含义真的很重要。比如说，惠而浦公司认为，真正的创新想法必须是“独特的、能吸引顾客的，能够创造竞争力，能够引发进一步的创新，给消费者带来的价值比市场上的其他东西都要多”。惠而浦如此定义创新就是得出了一个普遍认可的内在含义，也创建了创新项目的基准。使用通用的定义也能让企业不会误以为自己是创新公司——很多公司明白这一点的时候已经太晚了。

分清创新和再现很重要，也是因为人们对于两者的反应不同，公司内外都是这样。创新总会让人感到不舒服（我们也都说很爱创新），因为创新的想法、概念和产品都是新的、不常见的，会挑战人们的理解能力。比如，老师通常是有意地把培养创造力当作教学目标，但又经常因孩子们太好奇、太出格（这两个特质都与创造力密切相关）而感到不快。显而易见，对很多人来说，创造力启蒙就是看见同学因想要创新而被权威人物打枪。要是我们是被打枪的那个，那就更惨了！

我们把这些反感和倾向一并带进了公司。创新工作的基础通常是想出那些会产生不确定性和模糊性的主意，这两点是很多公司不善于处理的。大多数公司、高管和董事会都是找最有把握的前进道路，这个倾向对于创新来说并不是好兆头。从定义上讲，创新就是大胆探索未知，就是有意去做不确定的事。

大多数公司对于创新的不信任是由于创新通常没有数据支持。当然，数据能够反映过去发生的情况，只能告诉我们已知的事情。若某件事真的是创新的，那就没有相关数据。怎么会有呢？之前根本就没有过的。因此，任何可支持创新的数据一定是创新者事后创建的。这时候，再现就登场了。

可将“再现”定义为：一种过程，在这个过程中，重复进行一系列操作，所取得的成果更接近于预期结果。

我想在这里说清楚，再现并不比创新差，跟创新也没有冲突。在一些情况下，再现可以带来突破式创新。然而，两者是不同的过程，常会引发不同的反应。

在企业里，再现通常发展得更顺，因为它改进的都是已经普遍得到认可的、让人感到舒适和熟悉的东西。它所引发的焦虑感和不确定更少一些，让人觉得不那么可怕。因此，更多的人会立刻支持再现，而不是支持创新。承诺将公司现有的产品做得更好的管理者很可能会博得满堂彩。而想要把公司现有的产品全换成一系列新的、前所未闻的产品，那这个人通常就不受待见——就算这样做并不对。

若不调整这些偏见，企业就无法成功前行。它就不能要求创新，只能接受再现。因此，找到这两个词的通用内在含义至关重要。

创造力测试

要是认为每个人都能产生创新想法，那也是有问题的。并非如此。更严重的是，大多数公司都不会通过测试来看看公司里哪些人是最具创造力的。

企业通常会测试智商和情商，但很少有公司测试员工的创意商数（creativity

quotient）。创意商数可以通过多种标准化测试相当轻松地测量出来。比如说，托伦斯创造性思维测试（Torrance Tests of Creative Thinking）就是较知名的一种测试方法。你会发现，我们刚出生时的创造力可能都差不多，但并非人人都以同样的方式来保持创造力。

那么最根本的问题是，要是你觉得财务部的应精通财务，法务部的应精通法律，那为什么不觉得那些充满创意的人应拥有经过验证的创新技能呢？若不弄清楚最具创造力的员工是哪些人并做好记录，你就是在忽视一项极有价值的公司资产。更糟糕的是，你可能会让那些最没有创意的人来搞创新，一开始就注定要白费力气。

培养创造力

说来有趣，若你去研究一下培养创造力这个主题，找到的文章和研究报告多与儿童有关。显然，我们强调创造力的培养要从娃娃抓起，但是不怎么清楚创造力的培养对于成人有多么重要、为什么这么重要。似乎我们觉得成人不需要这样的支持、指导和保护来培养和表现自己的创造力。

我们所说的创造力很多时候更像是发散思维。善于发散性思考的人会细查情况，然后想出一系列可能的解决办法或得出不一样的结果。给他们一个曲别针，他们会想出数十种另类的用法。而把同样的曲别针拿给不善于进行发散性思考的人，他们就很难想到这个曲别针还能拿来做什么别的事。其实，善于发散性思考的人不仅可以发现其他人所忽视的情况，还可以想出别人想不到的东西。

发散思维的这种内在价值可能会让你认为这是从小精心培养出来的。事实上，研究表明，我们有计划有步骤地让孩子的发散思维日渐退化。世界知名的创造力培养和教育专家肯·罗宾森（Ken Robinson）爵士指出，一项相关研究表明，在1600名3到5岁的受测者中，98%表现出发散思维能力。等他们长到8至10岁，只有32%能进行发散性思考。对13到15岁的人进行同样的测试时，只有10%的人能进行发散性思考。而对20万个25岁的人进行同样的测试时，只有2%的人能进行发散性思考。没错，只剩下2%了！

那么，在公司里，不仅要鼓励创造力，而且还要大力支持那些为我们效劳、与我们共事的人进行二次发展（redevelopment）。我们要让人们找回发散思维。我们要先弄清公司里哪些人具有发散思维，然后要支持和培养这些极具创意的人才。

如果你认为让一群人老待在会议室里喝咖啡、看挂纸板就能培养创造力，那你就要失望了。谷歌的乔纳森·罗森伯格（Jonathan Rosenberg）曾说："可以分配创造力，可以安排创造力，可以测量创造力，也可以追踪和鼓励创造力，但是不能支配创造力。"也就是说，创造力不是想要就有的，而是要哄诱才出现。创造力不是像水那样，在你需要的时候一开水龙头就流出来。然而，一旦遇到适宜的环境、条件和工作方法，创造力就可能更加自由、更加稳定在公司内部蔓延开来。

让员工做自己热爱的项目就是一种解放创造力的方法。让人们自由学习新技能，在不同的环境中工作，与别人一起办公或独自办公都可以（选更适合自己的创意过程的），这样就能提升创造力和创新水平。多样性和不断的刺激能让创造力蓬勃发展。

奖励创造力

企业奖励体系大多是看成绩，想用这套体系来奖励创新是有问题的，因为极具创新性的想法很多都不会立刻实现所谓的商业成功，可能不会马上提高销量、利润、客户满意度或市场份额。实际上，这些想法可能会让公司赔钱。但这并不意味着它们没有价值或是对制定公司策略没有帮助。因此，奖励创造力就是要根据创新的情况给出评价，欣然接受常常伴随而来的失败，这些失败要受到控制，但也有教育意义。这并不是说成功不是最终目标，但如果公司的奖励和认可体系全看成绩，那么很可能会扼杀取得成功所需要的创意。如果人们成功走完钢索就能拿到年终奖，那么他们从高空掉下的可能性或许会大大降低。

你可以谈论创新，可以渴望创新，但要是不找出最有创造力的员工、不给他们提供合适的文化和条件来进行创新，那就会徒劳无功。只有去发现、培养和奖励创造力才能有所收获。要是你的公司和大多数企业的情况一样，那么你可能是坐在金矿上。

22

培养创新思维模式

弄清公司里的创新人才，并为他们创造条件走向成功，那么接下来该如何应对常常很吓人的创新任务呢？不妨鼓励员工去提各种问题，从而培养出创新思维模式。

“假设”的力量

要是你去看看那些颠覆型企业创立之初的情况就会发现，其中很多企业是从大胆假设开始的。里德·黑斯廷斯（Reed Hastings）曾问，要是电影能来到你跟前，而不是你跑一趟录像店，结果会怎样？于是奈飞公司诞生了。特拉维斯·卡兰尼克（Travis Kalanick）和加勒特·坎普（Garrett Camp）曾问，要是在旧金山想打车就能打到，结果会怎样？现在人们可以在旧金山和其他数百个城市使用优步。尼尔·布卢门撒尔曾问，要是在网上卖眼镜，结果会怎样？如今瓦尔比派克公司的市值超过了 10 亿美元。

“假设”是世上最有分量的两个字。然而，很多公司很少提及这两个字。大多数公司的问题在于可行性和实用性当道。它们不鼓励员工大胆做梦，而是支持他们做可能、可行、可控的事情。那些用“假设”来搅局的人被看作空想者和烦人精，在资源有限的情况下该做的事情会因此完不成。这些人最终会被“理性之声”淹没。

另一个问题是，商业文化更喜欢的是想法和答案，而不是问题。我们看到很多想要解决商业问题的自由讨论会，但你上一次参加旨在开辟新路的假设型讨论会是什么时候？很可悲，很多领导人常常排斥假设型的问题，觉得这些问题是异想天开、不切实际。《绝佳提问》（*A More Beautiful Question*）的作者沃伦·贝格尔（Warren Berger）认为，企业想要改变路线就得转变这种观念。他说：“领导者也要更加好奇、好问，从而鼓励公司全员勇于提问。这对资深高管来说并非易事，因为他们习惯了给答案、下命令。”可惜，尤其是在西方商业文化中，提问这一行为常常被认为是能力不足的表现，特别能说明智商欠费。

如何创建“假设”文化呢？首先要找出公司内喊得最凶的理性之声——就是那些每次都带着几桶冷水来开会的人，然后把他们炒了，换上梦想家。

“何不”的力量

跟“假设”同样重要的是问问“何不如此”。这可以有力冲击大多数公司直接就接受的模式和限制。都说企业千万不要去碰这些险局——行业常规、法规限制、顾客偏好、政治边界和文化敏感性，因为它们会让企业丧失活力，变得跟竞争对手一样，这些正是行业新秀所抨击的东西。他们敢问何不如此。

Pirch 公司并不认为厨卫和户外产品商店要像个仓库；TOMS 并不认为零售空间就不能把闲逛变成钱；而 STORY 和 B8ta 驳斥了数百年来的老思想，并不认为零售上的成功一定要与产品销量挂钩。问问“何不如此”就能促进创新上的大突破。

改剧本

多做假设，多问何不如此让你能够另辟蹊径，就算你所打造的客户体验与行业常规只有很小的差别，也可能起到很大的作用。

说到这个问题，我最近恰好看到圣克拉拉大学的五位研究员所做的一个有趣的研究。他们是想验证一种现象，即引起注意技术（Pique Technique）。在某些情况下，这一技术会让我们更容易接受原本会下意识拒绝的请求。

在一个案例中，研究员假扮乞丐，分成两组。一组采用大多数乞丐都用的方法，直接问路人能不能“给点零钱”。另一组的做法则不同，是向路人报出具体而特别的钱数，比如 27 美分，这肯定会让路人感到意外。这项研究表明，对于报出钱数的乞丐，路人给的都比他们所要求的多，而且掏钱也比另一组频繁。

研究者由此推断，我们人类会预先设想某个情境可能的走向，然后事先想好应对之法，通常是会拒绝。但要是这个剧本被打乱了，我们马上就更容易持顺从或赞成的态度。也就是说，这项研究里的路人看到乞丐的时候，他们脑中的剧本可能是这样的：

- 乞丐：不好意思，你能给我点零钱吗？
- 路人：抱歉，我身上没有零钱。

然而，当乞丐报出特别的钱数后，这个“拒绝剧本”就被打乱了，而路人会不由自主地受此吸引。于是，他们之中就有更多的人接受了这个请求。

我觉得这个结论很有意思，因为我们脑中预想的剧本实在太多了。当我们走进餐厅、使用网银或是踏入门店，我们都能预想到会发生什么。比如说，我一进餐厅就猜到会有招待员来向我问好，然后问我一共几个人，再带我走向合适的餐桌。不一会儿，就会有个服务员或传菜员过来倒水，然后问我想喝什么——可能会来一杯红酒。片刻之后，服务员会再过来帮我点单，不久后我点的东西就会送来了。我开始用餐，然后服务生又问我是否想要甜点和咖啡，接下来就是买单。体验结束，剧终，谢幕。

但如果改一改这个剧本会如何呢？如果我在走进餐厅之前就能点单和付款，结果会怎样？如果前来迎接我并为我引路的是机器人而不是真人，结果会怎样？如果服务生拿给我的是一份小礼物或感谢卡而不是账单，结果会怎样？这样改剧本会如何影响我的体验和我花钱的意愿呢？会如何提高我的愉悦感呢？

对于零售，顾客也有写好的剧本。走进门店就会有个店员上前询问："需要帮忙吗？"买单的时候收银员会问："你找到想买的东西了吗？"因此，我们就按照剧本下意识地回应。我发现自己完全是不由自主地对售货员说"我随便看看"，就算我可以让他们帮忙也还是会这样说。

弄清行业内的典型剧本就可能实现突破。明白了顾客会预先想好剧本，我们就可以用有创意、有意义、有价值的方式来改剧本，从而制造惊喜、引起兴趣，并打造出更为独特的体验。

想想优步这样的公司是如何改变我们脑中的打车剧本的。从联系司机到支付车费，整个过程与出租车行业的常规做法截然不同。优步写出了出人意料的新颖剧本，立刻就抓住了大众的眼球，并获得了广泛的用户群。

创建模型，不要光想

企业通常认为，创新就是为了想出点子。这有几分正确，但要是搞创新就只是想出了点子，那么最终很可能会让人失望。你肯定参加过这样的自由讨论会，会后把一大捧字迹潦草的挂纸搬到办公室，然后转录到会议记录里，最后这个记录就沉寂下去了，因为根本没人再去看一眼。

> 现在创新进行得太快了，就连欢迎革新的企业都觉得，变革不是渐进式的，变革的速度比他们想象的要快得多。
>
> **露西·格林（Lucie Greene）**

并不是因为那里面没有好的点子。通常是因为产生想法后要隔很长的时间才能按计划执行，让创意失去了活力，于是其他的工作就偷偷潜入，把创新从企业的优先列表上挤下去。这样会从两个方面扼杀创意：一是，想出的点子没什么用；二是，企业中的创新者对进行创新失去了信心。要是这些创新从未得以实行，那何苦要去搞？

创新团队应该把最好的点子拿出来试行，马上就去做——不是几周或几个月之后做，而是尽可能在几小时或几天内做好。谷歌的员工采用的是设计冲刺法（Design Sprint），每次历时 5 天，内含的步骤数相同。借助这些步骤，各个团队从构思到试行所用的时间只占一般创新周期的一小部分。这些步骤包括：

- **分析**。聚集所有必需人员和一切可用信息，弄清创新集会的目的，下载所需的资料，通报团队工作内容。要明确会议的日的，聚集所有相关的人员、数据和见解；
- **草创**。让个人（不是团队）详细描述应对问题或机遇的办法；

- **决定**。根据会议目标制定标准化评判标准，让团队据此评价每个方案，选出一个或一些来建模；
- **建模**。快速建模，或是试行方案；
- **测试**。以 20 个潜在客户试行方案，让他们试用，记录每个人的反应、感受和想法。

要是企业能创建原型，而不是光有想法，那就不仅能在创新上胜过已知的对手，也许还能避开未知的竞争者。最终，拥有未来的人不仅拥有好的创意，还能以最快的速度把这些创意变成现实。

先人一步

完全满足于长期策略的企业很可能活不过十年。我这样说是因为真正的创新企业必然会想出颠覆的、冒险的或极度疯狂的创意和概念。坦白讲，要是你们公司的策略不会让你有点反胃，那这个策略就可能没有那么创新。其实，你的竞争对手可能就在悠闲地制定类似的策略！

所有赛车手都会对你说，获得常胜的唯一办法就是开到“边缘”——完全控制和绝对灾难之间的极窄地带。要开出这个速度就要在其他人胆怯地松开油门时一直踩着油门。同样，你的公司也要利用吸引人的、非常规的、未经证明的概念将企业推到边缘，也就是创新的边缘。

这种做法并不意味着要率先发动，而是要率先质疑，率先探索、测试、学习，当然，也要率先强势介入，挤掉可能的赢家。

> 不要怕犯错。根本没有错。
>
> **迈尔斯·戴维斯（Miles Davis）**

要让企业敢为人先，关键是要打造出创新系统和结构——企业普遍都用这个方法来审视全盘创意，然后就进行测试、评价并贯彻实施。

比如说，早在2009年，星巴克就在西雅图地区选出了16家门店做小规模的手机支付测试。该公司并不是把宝全压在手机上，而是同时在进行着非常成功的优惠卡项目。星巴克了解到很多情况，到了2011年就全面铺开手机支付功能，九周内就进行了300万笔交易。一年之内，这一数字达到2600万。现在在星巴克，超过四分之一的支付行为是在App上完成的，让该公司成为手机支付领域的领导者，让大多数零售商百思不得其解。

当然，可以钻研一下星巴克获此佳绩的奥妙所在，但有两件事是显而易见的：该公司率先对手机支付测试产生好奇，也愿意一试。而且，在手机支付的潜力变得较为明朗时，星巴克也大胆扣动扳机，进行大量投资。

同样，不管你的公司是做什么的，都要一直渴望并愿意去冒险探索未知，就算是以稳妥的方式进行也好。你也要准备好去投资你的好奇心所带来的良机。“本能够”“本应该”和“本会是”就是无作为企业的墓志铭。

要是你的测试和好奇心都没有得出什么结果，那么你（不是你的对手）也会从中学到东西、有所领悟。你会带着这些智慧前进。

23

实施创新

我惯用的航空公司通过忠诚度计划给我发送了大量的营销信息：折扣机票、新品推介、热门目的地，还有许多其他的内容。我不知道航空公司要花多少钱才能一直发这些信息，但我猜，要是乘以收到相同信息的顾客人数，肯定很惊人。

在最近的一次飞行中，我登机、落座后往左边一看，发现我旁边的窗子边缘贴了一圈厚厚的强力胶带，好像是为了把窗子固定住。我并不是工程师，而且老实说我高中物理也不怎么好，但是机舱的窗子上贴着胶带让我觉得非常不舒服。最后，我吃了一片镇定药，让灾难迫近的念头平息下来，尽量往好处想。我不吓你了……我活下来了。

但贴胶带的窗子让我不禁沉思。一方面，航空公司花这些钱给我发促销信息、产品推介和折扣信息，渴望招揽更多的业务、提高忠诚度。另一方面，竟然允许用胶带来固定窗户，让每个碰巧看见的乘客，或是像我这样更加惨的要坐在旁边的乘客，立马就看透了。

这家航空公司真的跟大多数其他公司没什么不同。企业总有一些部分是一定要以贴胶带的样子展现在顾客面前。企业总有一些东西是坏了的，可悲的是，我们经常无视问题，于是，至少在我们看来，问题就不存在了。但与此同时，我们是在放任自己的大门（或是这里的破窗）向竞争对手敞开。

举个例子。2015 年 1 月，美国的一家大型零售商申请了一项专利。这项专利旨在重塑店内的购物和支付体验。专利文件里介绍了一个系统。利用这个系统，购物者就可以进店挑选想买的产品，然后离开。没有收银台，没有收银员，不用等待。购物者只要带着产品离开就行了，之后会按照他们惯用的支付方式自动扣款。该公司实现这一切靠的是一个精密的系统，由视频分析、电子标签和扫码器、传感器以及处理器组成——都是为了使购物者无须再费周折加快进出门店的速度。

你可能会以为这项专利是某个大型零售商的杰作。毕竟诺德斯特龙、乐购、塔吉特或沃尔玛都对排长队结账引发的失望情绪非常熟悉，它们有理由通过大力创新来消除这些问题，对吧？可惜，你猜错了。这项专利的提交者是它们的头号敌人——亚马逊。此后不到一年，该公司就发布了亚马逊无人超市（Amazon Go）的具体运营计划。这个超市占地 1800 平方英尺，采用便利店的形式，不用排队结账，也没有收银员。正如亚马逊在专利文件中所说，购物者只需在进店时扫一下手机，然后拿上想要的东西就可以离开。要是你愿意也可称之为合法化的入店行窃。该项目发布之时，超市行业的人可谓大跌眼镜。

你看，对传统零售商来说，结账过程的不便就像是贴胶带的窗子，被遗忘了。他们没有意识到，这样的结账方式过时了。显然亚马逊意识到了。对亚马逊来说，结账队伍只是零售业的诸多破窗之一——只是零售商迫使顾客忍受的已知摩擦点之一，却也给创新提供了良机。不妨把公司里贴胶带的窗子修好，然后由此展开创新之旅。

让它好上 10 倍

亚马逊不只是要优化零售业的结账过程，而是要彻底废除这个过程。这就像谷歌 X 部门负责人阿斯特罗・泰勒（Astro Teller）所说的"登月计划"（moonshot）——一个旨在提升 10 倍而非改善 10% 的项目或方案。他指出，大多数企业是想改善 10%。他们还在用现行想法、依赖现行模式、拓展现有资源。很多时候这些行为会陷入困境、失去活力。如果战利品只是比现状好上 10%，难怪人们会失去兴趣；如果目标是比现状好上 10 倍，那么前景就会更吸引人。

比如说，举步维艰的贺卡和礼品行业是在逆改革浪潮行事。庆祝、表彰和纪念的方式已经彻底改变了。因此，现存的一些大型贺卡企业想通过增加礼品和电子贺卡的种类、提供个性化贺卡和礼品来改善发展前景。虽说我尊重这样的进取心，但问题是所有这些努力都只是想改善 10% 而已。这些公司都是基于两个基本假说：第一，人们用贺卡和礼物来展示仪式、表现情感；第二，它们是贺卡公司。我不禁在想，要是它们想的是大幅改善 10 倍、重塑庆祝方式，结果会怎样？能否将自己的全息图当作生日礼物送给亲人？能否利用 VR 技术将自己送到地球的另一边去陪伴生病的亲人，或是参加婚礼、生日派对或其他庆祝活动？贺曼公司（Hallmark）能否重塑派对筹划行业？贺卡公司能否与旅行社合力打造盛大的"庆祝之旅"，让人们得以在异域欢庆佳节？能否将用以拯救濒死产品种类的精力、金钱和时间用来重建新的产品种类？

> 一旦摆脱传统思维，就可以开创未来。
>
> **詹姆斯・伯特兰（James Bertrand）**

泰勒认为，改善 10 倍其实比改善 10% 要容易："当你以 10 倍为目标，你就要依靠勇气和创造力——这种勇气和创造力能将人类送上月球。这是提升10倍做的事，而改善10%决不会这样做。10倍提升能在心里燃起火焰，很难不激动起来。再看另一个，看似不可能的事情也许是可以做到的。这可能会让最艰难的事情变得比你想象中容易得多。”

展望零售业的未来，如何将泰勒的10倍准则运用到客户体验中呢？如何能确定创新的结果不只是比现状好一点，而是对现有水平的大幅提升呢？

从免费开始

可以通过一种有趣的方式让企业不要去改善10%，而是努力提升10倍。做法就是设想一下，未来你卖的产品不要钱，或是以成本价卖给顾客。那时候，你的企业如何生存？如何创收？可利用哪些其他的商业模式或创收途径来弥补差额？除了产品外，你还能为顾客提供什么价值？

开始免费是一项重大举措，原因有几个。第一，这很可能变成现实。从很多方面来看，我们可能很快遇到这样的情况，那就是批发和零售之间的利润没有了。要是这听起来像是我在电影院里大喊“着火了”，那么就有必要看看零售业的利润空间会如何发展。从纽约到墨尔本，零售商都在顽强地跟不断下降的利润做斗争。比如说，乐购的2015年财务报告上写着贸易利润为+/-1.07%。接近于零，但又没有到零。只要亚马逊愿意通过亏本卖来招揽顾客（通过亚马逊生鲜业务），那么乐购和很多其他企业可能很快就被吞没。

第二，开始免费可以迫使企业多进行水平思考。你会去研究那些貌似无关的或次要的、实则大幅改善了客户体验的创意、服务和概念。

问题就是零售企业还能通过什么别的方式赚钱？你能否打造出非常美妙的体验，让顾客愿意为此付钱？你能否在店内举办非常精彩的教学活动，让顾客愿意付入场费？你能够展示出非常罕见的产品——原型和概念产品？你的门店能否成为体验式的实验室、真实的研究室、数据工厂，让品牌愿意花钱来获取信息、得到教益？

未来的超市里能否不再摆着一排排的罐子和箱子，而是有厨师、营养师、厨艺课和卫生保健设施？门店的外观和销售规划能否每月一换、展现新的文化饮食景观？你能否利用门店来打造精彩表演？品牌会不会花钱参与，或是开课和办活动，抑或是参加名厨秀？

可惜，太多的公司想要抢占先机时已经太晚了——直到别无选择才会去创新，但是因为企业已经饱受摧残，所以既缺钱又缺人。

叛乱者思维

毫不意外，虽然大多数企业领导人都对增长预期信心十足，但是多数企业的发展跟不上市场的发展。实际上，贝恩公司（Bain & Company）指出，发展速度落后于市场平均水平的企业有近 90%。在无法实现增长目标的企业中，只有一小部分（近 15%）归咎于市场因素。剩下的 85% 则归咎于内因，如组织结构复杂、企业文化上的缺陷和无法集中力量。

贝恩公司的詹姆斯·艾伦（James Allen）认为，解决的办法在于重拾创始人心态（Founder's Mentality）——非常清楚有什么愿景、以什么为重点才能重振企业绩效。但这通常需要消除数十年来因公司发展壮大而形成的官僚作风和企业惰性。

艾伦指出，由创始人领导的企业容易变成市场叛乱者，因为这些企业非常重视客户需求、行动力强、重视前线人才和策略。可惜，如你所料，叛乱者会受到发展规模与范围带来的好处的诱惑。发展上了规模，公司的经济情况会提升——购物大为便利。发展范围则让企业涉足新的市场和产品种类。当然，这些看着很诱人。结果，叛乱者变成了在位者（incumbents）。

在位者能暂时享受发展壮大带来的好处。但是，当发展规模和范围产生的副作用阻碍了企业发展，并且模糊了焦点、削弱了行动的时候，问题就来了。最终，大型在位者的身份变得弊大于利，企业开始亏损——常常不明白到底是为什么。

有很多因素能将叛乱者企业推离既定轨道，但我认为，最阴险的是只为满足投资人的私欲而不顾一切地抢占市场。比如说，创办于1998年的服装零售商露露柠檬（Lululemon Athletica）刚进入市场时是个叛乱者品牌，专做瑜伽服，因其独特的门店环境、卓越的服务、出众的设计和质量，也因其创始人奇普·威尔逊古怪且时常诡异、偏颇的领导力而声名鹊起。结果……这家公司非常重视自己的顾客。

起初，该公司发展平缓，同店业绩强劲。然而，2007年，威尔逊决定让公司上市，从2008年开始，露露柠檬飞速发展，门店数量在5年内增加了两倍以上。扩大规模和范围变成该公司的发展策略。然而，连锁规模的扩大又引发了其他的问题。同店销售额变得起伏不定，最终差不多跌至零，而且出现了灾难性的产品质量问题。这个开创了瑜伽服品类的公司手握一个大幅衰落的品牌，而且强敌环伺。

把增长当作策略，这对于星巴克CEO霍华德·舒尔茨（Howard Schultz）来说实在不陌生。“当你把增长当作策略，”他曾说，“那么增长就变得诱人、会让人上瘾。但是，增长不是一种策略，而是一种战术。”星巴克的业绩和股票暴跌的时候，当了8年总裁的舒尔茨又做回该公司的CEO。从2000到2008年，该公司的门店数量从5000暴涨至1.5万！

舒尔茨重新出任 CEO 时发现很多门店快倒了——其中很多开业不到 18 个月。此外，舒尔茨还发现，该公司在追求发展的时候把注意力从质量和客户体验上移开了。他意识到，在那 8 年里新开的店中，很多“与股价脱不了干系……不要根据市价盈利或股票价格来做决策。我们做的决策能促进增量收入，但可能与品牌价值不符”。

最终，舒尔茨选择关掉了 900 多家门店，并且更加重视培训、标准和客户体验。这是重拾“创始人心态”和叛乱者组织思维模式，让舒尔茨和星巴克得以提振公司业绩，从而避免了很多人坚信会发生的一场灾难。这就说明了为什么对所有企业尤其是大型在位企业而言，保持创始人心态和叛乱者思维那么重要。

我认为这两种思维模式的区别如表 23-1 所示。

表 23-1　在位者心态与创始人心态对比

在位者心态	创始人心态
公司上下并不是都很清楚公司的使命是什么	公司的崇高目标、文化和使命大胆醒目，并得到普遍认可
官僚作风盛行，受制于各种规矩、手续和繁文缛节	挑战现状和行规，打造颠覆性顾客价值和与众不同的体验
公司权力流向中层，常常是流向最不了解客户需求的人	始终关注客户需求，将权力放到前线。员工能够维护顾客的利益
想搞再现和实验，但缺乏果断的行动	果断进行有益的创新
责任不明确且错综复杂，更关注的是企业活动而不是直接的客户需求	高水平的直接问责制和客户满意度

与市场在位者不同，叛乱者往往有明确的使命和目的。他们抨击严密的行业常规，有时还避开“规矩”，以便更好地满足顾客需求。比如说，优步就挑战了运输行业的规则和教条，提供新鲜、出众的客户体验。奈飞公司挑战

录像带租赁行业的范式，打造了享受娱乐的全新途径。瓦尔比派克质疑眼镜配售的常规做法，开创出全新模式。

不要掉入科技陷阱

开车去上班的时候，你是享受内燃机推进过程，还是纯粹就开车？洗衣服的时候，你是陶醉于水电的搅拌感受，还是纯粹就是洗衣服？看电视的时候，你是看发光二极管的传输还是纯粹为了消遣？这些问题显得很浮夸。显然，在每个例子中，科技并不是体验，而只是展现体验的平台。也就是说，这些并不是“科技”体验，只是包含科技的体验。

然而每天我都谈到、读到、听到品牌和零售商努力为顾客打造“数字体验”。很多企业还建了内部实验室，想要像挤香肠一样挤出数字体验。这些做法大多是随意把某种科技加入客户互动。最近一项针对 CEO 的调查证实了他们对于数字的关注，有受访者认为，从移动技术到物联网，科技对于企业来说具有“战略重要性”。可惜，我敢肯定，真正了解这些科技的 CEO 要少得多。然而，现在在商场上，数字体验似乎必不可少。说来讽刺，我认为正是因为重要性摆错了，才让那么多零售创新工作一败涂地。

事实上，根本没有人需要数字体验。零售商需要做的是设计出独特、难忘、有价值的体验——其中一些可能是由数字技术来支持或驱动。零售商不应认为问题在于缺乏数字技术，而是应该解决大多数门店缺乏精彩体验这个问题——这或多或少可以借助数字技术来解决。可能两者听起来只是语义上不同，但这一区别是制定出重要客户体验战略的关键点。也就是说，出发点不是采用数字技术，而是设计出更好的体验。

> 我们看到很多客户对某些技术或方法念念不忘，但事实上，没有人花钱去看技术，他们是为体验付钱。
>
> **达伦·大卫（Darren David）和南森·穆迪（Nathan Moody）**

优秀的零售企业把客户体验看作自己独特品牌故事的生动展现。他们要把自己的故事切分成一系列关键时刻，然后努力让巧妙的设计意图体现在每个短小却很关键的客户互动上。

进店、挑选产品、了解和试用产品、接受服务、付款、安排送货、出店，以及售后服务都是品牌故事中的重要转折点，必须经过深思熟虑和精巧设计才能让人觉得妥当、愉悦。设计出独特的品牌体验后，才能决定这些体验能够或者应该如何呈现出来。其中一些体验最好是以数字形式呈现，一些或许并非如此，还有一些可能需要将数字和非数字资源相结合。原苹果公司 CEO 史蒂夫·乔布斯曾说："要先考虑客户体验，再回到技术上来。"

因此，虽然我坚信，只要有用、只要能增加价值，就可以利用数字技术，但我也认为，为搞数字而搞数字没有任何意义。无论你是否利用技术来接触客户，重要的是他们获得的独特品牌体验要足够精彩，让他们想要一试再试，还会将体验分享给愿意听的人。

这并不意味着不去关注科技。科技会吸引注意力，而这也没什么问题。但重点是，如果科技不能消除体验上的阻力，或是不能给顾客增添体验的价值，那么就不值得考虑了。老实说，这个世界真的不需要新增 App、无线电信标、推送通知或电子标签。这个世界需要的是源自非凡品牌故事的精彩体验，并且通过艺术、科学和人性的完美结合将这些体验呈现出来。

24

再造零售业

为创新氛围和叛乱者思维打好基础后，所面临的挑战就是要借此制定方针路线。问题是该怎么做。

我从极具创新性和颠覆性的企业身上学到了强有力的经验，其中有三件事尤为突出。这三件事是这些企业愿意去做，而其对手大多不做的。

这些企业建立网络、横向测量、创造一切。

要建立网络，不要建立帝国

梅西百货、沃尔玛、百思买、乐购等零售业在位者所面临的问题与它们的核心运营结构关系较大，而与不熟悉全渠道零售、不精通大数据分析、不攻克移动电子商务的关系较小。这些企业很大程度上是在奋力挣扎，因为曾让它们变强的商业结构如今让它们变得迟缓不进，应该要剔除了。

这些企业以及与之类似的企业像是帝国，因为在建立之时，只有成为帝国才能拥有实力、权力和竞争力。当时，成功企业就是要庞大、全能、孤立，而这些企业就是那个时代的产物。那时候，只有进行大量投资、营销投入和基建开发才有可能垄断市场。这些帝国完全控制了所属品类，因而成为投资界的宠儿。事实上，著名投资人沃伦·巴菲特经常寻找并投资他所说的那些周围环绕着“最宽的、有竞争力的护城河”的公司：主宰市场的海岛帝国。

数字化到来之前，巴菲特的策略非常有道理。创新在努力发展，企业规模跟资本联系更紧密：机器、人、房地产和基建。数字化到来后，商业帝国逐渐让位于网络。数字化到来后，创新飞速发展，扩大规模的同时不必陷入官僚作风。优步只成立了7年，在全球500多个城市开展业务，却不拥有一辆出租车或豪华轿车。此外，因为优步只是一个运营平台，所以只需要在名字后面加上“送餐”(eats)，马上就可以从租车公司变成食物配送公司。其实，优步想变成什么都可以，也不需要额外投入大量资本或是大搞企业基础设施建设。

> Facebook的地位非常牢固，还能产生网络效应。网络建起后就难以侵入。
>
> **埃隆·马斯克（Elon Musk）**

零售网络的发展速度也是这么快。虽说沃尔玛有6万个供应商，但它的供应链跟网络化的竞争对手易集比起来就差得远了。易集有多达85万个供应商。这充分表明，网络把帝国当早餐吃了。

而且帝国是封闭系统，所以它们经常把自身的利益置于其他利益相关者的利益之上，经常使得股东反弹、与供应商产生矛盾、让员工心生不满，并且使顾客流失。

帝国在创新方面较为保守和隐秘，因此适应多变顾客和市场动态的速度也很缓慢，有可能就被创新进程甩在后面。

最后，很多企业资源只是用来维持帝国身份，把用来关注顾客的资源也耗尽了——往往就是这一点导致最终的覆灭。

另一方面，网络不需要很多资金，结构较简单，并能迅速发展壮大。网络的运作情况公开透明，有共享产权的感觉，有对等的信任和管理。它们的成功归根到底靠的是平衡利益相关者的利益，从股东到员工和网络合作伙伴都要考虑到。它们比较容易改变、较灵活，也更能适应变化，多半是因为它们能提供更为广泛的总体市场信息。而且，网络往往汇聚了“长尾”产品和服务，因此网络能提供更有趣、更合适、往往利润更高的东西，但帝国企业更需要迎合大众对于商品的品味和喜好。最重要的一点，网络的基础设施比帝国企业的少，因此网络企业中的所有人能把更多的精力用在取悦顾客上，这样可以形成良性循环，又能增加网络的整体价值。

因此，成功的未来零售商不会把企业建成带围墙的堡垒，周围还环绕着深深的护城河，而是建成开放的应用程序——一种可增生的平台，可与其他平台相联并使之蓬勃发展，让网络及其所有成员都能获得成功。

横向测量

在所有行业都经常看到企业只跟所属品类和部门内的竞争对手做比较，比较双方公司以及双方的策略和绩效。几十年前，这种比较不仅常见，而且也是一种可行的竞争方式。如今，这是很可能让企业受到致命伤害的一件事。

举个例子，你见过有谁喜欢有线电视公司吗？我是没见过。其实，大多数人都会讨厌有线服务供应商。服务故障、混乱的价格体系、乏善可陈的客服，而且要等很久才来维修，这些有什么让人喜欢的？另一方面，我曾给有线电视公司做过咨询，可以说在那里工作的人基本上都挺好的，就跟你我一样努力工作。他们都是聪明的生意人，都知道是怎么回事，他们的目标是让顾客满意。既然如此，为什么喜欢有线电视公司的人那么少呢？

问题在于有线电视公司衡量业务的方法。它们似乎认为，只要表现得比其他有线电视公司好一点点，相对来讲就很棒了。它们并不追求优秀，只是希望比已知对手好一点。当竞争全部来自其他有线电视公司的时候，这个方法够用了。数字化到来之前，选择不多，颠覆者很少，消费者没有什么选择，只能用同样的方法来评价有线电视公司的表现——不好，但也比其他的强一点。

数字化之后，颠覆已是常态，选择非常多，消费者有了不同的看法。我们不是只将有线电视公司与另一个做比较。我们会问，为什么奈飞每个月收 9.9 美元而有线电视要收百元以上？我们也想知道，为什么特斯拉汽车能在我们睡觉的时候修好，而有线电视解调器却不能这样修好。我们在万豪酒店只待一晚也能享受到绝佳的个性化服务，那为什么我们每年交数千美元给有线电视公司却享受不到如此美好的服务呢？我们可以用手机叫优步的出租车，知道来接我们的司机叫什么，还可以看见司机开过来的路线，那为什么有线电视公司的电话服务窗口只开 8 个小时，还要求我们整天不上班就待在家里等？为什么？

我们所能做到的事情和帝国型企业所提供的东西之间的差距越来越大。这种体验失调带来的结果就是所有有线电视公司突然毫无防备，直接就受到奈飞、苹果、亚马逊等市场替代者的冲击。冲击一来，客户立马就走了，再也不回来。没有反悔的时间，过去的也不能弥补。

消费者如今会横向测量体验，而零售商也必须这样测量自己的表现。A 商场比 B 商场好一点并不意味着 A 商场够好了，只能说明 A 会比 B 晚一点破产而已。A 商场应该考虑的问题是，自己与易集、Spotify、迪士尼或维珍航空比起来够不够好呢？现在所有企业都需要达到这种程度。

因此，零售商要不断环视四周，了解大幅改变消费者行为的趋势和技术，并把这些经验纳入自己的企业中。作家加里·哈默尔（Gary Hamel）和南希·坦南特（Nancy Tennant）最近写道："创新者不需要水晶球：他们需要的是广角镜。必须去追踪对手尚未发现的趋势，然后想办法利用这些趋势来颠覆传统商业模式。"

只有通过积极进取的横向测量法才能让企业走在消费者行为前面。

创造一切

我想，要是你今天跟我一起去逛 10 家本地门店，至少 8 家门店的体验可称得上是偶发的。我的意思是，无论那体验是好是坏，基本上都要看环境、巧合和际遇，而不是刻意或精心安排的体验式设计。那天来上班的是谁、他们的心情如何、进店时他们对我们说了什么、他们如何满足我们的需求，这些往往都是没有经过安排的。

我一直觉得这很奇妙。毕竟，大多数公司在处理宣传语、商标颜色和广告上的字体时连最不起眼的细节都要纠结，但在客户体验上却很少有这么多考虑和原则。现在企业几乎能监控、测量和微观管理自身的各个方面，而客户体验对自身的管理还是这种水平，这让我实在想不通。

很多企业好像没有剧本就上台表演，每天拉开序幕，让演员竭尽全力即兴表演。就算对客户体验的质量只有一个模糊的概念，大多数人也满足了。

然而，我的研究表明，最好的、最成功的、面向未来的企业强调客户体验至上。它们付出极大努力来确保体验足够精彩。就像劳力士团队一样。为打造出精美的手表，它们要设计、创造并调好各个部分。

《有意为之》(*On Purpose*)的合著者肖恩·史密斯(Shaun Smith)认为,大多数企业的客户体验完全是发展迟缓的。"大多数企业,"他说,"在品牌象征意义和客户体验内容方面很'松',但在员工行为准则方面又很'紧'。提供绝佳体验的品牌通常是把两者颠倒过来,在品牌象征意义和客户体验内容方面很'紧',而在员工满足顾客需求的方式上很'松'"。

无独有偶,史密斯所说的大多就是创始人心态,也可说是极具创业精神的企业所固有的使命感。举个例子,我开始干零售这一行的时候是在一家成功的家族企业工作,经常看到70岁高龄的创始人偶然进店亲自为客人服务。实际上,他喜欢这样做。没有哪本员工手册或什么培训项目能给员工带来这样的影响。他每次一来,品牌的定位、对于个人表现的期望,以及公司想要呈现给顾客的独特体验就都展现出来了。

当然,在充满创业活力的中小型企业中容易打造出这种具有凝聚力的使命感。但是如何大规模地打造如此严密的品牌和客户体验期望呢?这显然是个更大的任务。幸好这还是可以实现的,但需要格外注意五个关键的体验元素。精彩的体验是:

- **吸引人的**。它们能调动五官:视觉、听觉、嗅觉、味觉和感觉。它们能触动顾客的真情实感;
- **独特的**。它们所包含的方法、话语或习惯都是不寻常的、出人意料的、私有的,但也是真实自然的;
- **个性化的**。顾客觉得他们获得的体验好像是为自己量身打造的;
- **出人意料的**。它们含有让人完全想不到的元素或互动;
- **可重复的**。它们是按照经过测验的指定方法来实行的,公司上下都能保持一致。

单个来看,大多数公司有时候能实现这五个体验特质的任意一个,但是很少有企业能一直提供包含这五点的体验。丽思卡尔顿酒店是佼佼者之一，这是细致的体验设计和对执行标准的执着共同造就的。它创造了一切。

每个丽思卡尔顿酒店都采用了“透视图法”（scenography），这一创意源自迈克尔·伊根（Michael Eagan）。他是加拿大人，是一名剧场设计师，曾在加拿大国家戏剧学院担任教授。伊根把透视图法定义为“有助于打造剧场表演所需氛围和情绪的所有元素，包括声光、场景和服装设计”。丽思卡尔顿不只是关注床单洁净度和客房升级，而是把每个门店都打造成独特而精彩的世界——一个永不停歇的舞台作品，让顾客也参与其中。丽思卡尔顿领导力中心副总裁戴安娜·欧瑞科（Diana Orek）说：“优质服务离不开人员、硬件设施和五官感受。这三个元素必须联合起来打造出一种氛围，能够改善周围环境并最终提升客户体验。重点是要选择与背景相协调的元素——声音、画面、味道和气味。比如说，在佛罗里达南海滩的丽思卡尔顿酒店演奏古典竖琴曲就不太合适。南海滩的氛围是活力十足的拉丁 / 萨尔萨风格。因此，萨尔萨舞曲更适合丽思卡尔顿南海滩店的氛围——透视图。”

这种调动所有感官的做法适合丽思卡尔顿，这一原则可以也应该应用于所有消费场景。任何企业，无论是占地 20 万平方英尺的商场，还是占地 2000 平方英尺的独立商店，都可以也应该打造出独特的空间，调动顾客的所有感官。顾客在店内闻到、看到、听到、摸到、尝到的东西都应该能够调动他们身上的每根神经。

丽思卡尔顿也保证自己打造的体验是与众不同的。它是通过改变顾客预想的酒店入住剧本来做到这一点的。从办理入住到客房服务，一切都是以丽思卡尔顿独有的方式完成的。实际上，这一连锁品牌是因其员工使用非常统一的话语而出名的。比如说，酒店员工在表示感谢时不是说“不客气”

（You're welcome），而是按照指导说"这是我的荣幸"（It's my pleasure）。他们从不说"但是"（but），而是说"然而"（however）。丽思卡尔顿意识到，客户体验就是入住期间所拥有的众多关键时刻的总和。每个这样的时刻都是取悦顾客的机会，而且还要以标志性的方式来完成。丽思卡尔顿非常关注小事。

最近，丽思卡尔顿在按这些标准做事的同时，也让员工能够更加自由地表达自己的想法。为了不让体验变得机械化和不自然，"我们逐渐有意地不那么正式了。"丽思卡尔顿总裁兼首席运营官何威乐（Herve Humler）如此说道。他说："我们现在关注的是真实的、没有剧本的对话和互动。早先，为了组建这家酒店公司并在全球拓展业务，我们几乎把所有事情都事先计划好了。你在酒店里到处都能听到'这是我的荣幸'，因为这是剧本上写的。现在我们改了，是鼓励员工做自己。要以最崇高的敬意和礼仪来进行互动，但要用符合个性、体现人性关怀的方式。"

丽思卡尔顿让员工尽量在对话中称呼顾客的名字，从而打造个性化的客户体验。他们会记住客人入住的细节。比如说，顾客计划某天外出，等顾客回来的时候就问问玩得怎么样，或是购物怎么样，或是什么别的事怎么样。员工会迅速记下顾客的喜好，并把这些喜好添加到总的顾客历史文件里，这是所有丽思卡尔顿门店都能看到的文件。额外地记住顾客的名字以及他们的行程安排和喜好会大大转变整个客户体验。推出忠诚度计划的零售商都应该利用好这个计划——不只是在进行交易的时候这样做，最重要的是在顾客来到购物空间时这样做，这样一来，他们的需求、购买历史和喜好才能更好地得到满足。

给顾客带来惊喜也是丽思卡尔顿的特色。其实，员工是允许做这些的。可能是把一件特别的礼物放在房间这样的小事——比如说，我和妻子有天晚上回到房间就看到给我们准备的精美巧克力小屋。也可能是大一点的事情。

该公司有一条政策，那就是允许员工每天最多花上 2000 美元来满足单个顾客的需求！我听说这笔钱的用处五花八门，有为顾客买一双全新尼龙袜的，还有员工为一个特别忠实的顾客飞到古巴去买了一盒雪茄！需要做的就是超出顾客的期望值。能够提供他们想不到的体验就能收获一辈子的忠诚和喜爱。

此外，丽思卡尔顿制定严格却又时常让人觉察不到的标准和服务提示，因此体验的重复性很高。我觉得很棒的一点是，你在丽思卡尔顿点一杯酒，玻璃杯上会带有一个小狮子的标志，狮子的舌头是伸出来的。这不是重点！其实，舌头的位子就是倒满酒应达到的高度。这不仅让员工为丽思卡尔顿省了倒酒过量造成的损失，也让顾客又获得了非常统一的体验。将这样的标准运用到让这家庞大的酒店运作起来的数千个活动中，事情就可以顺利进行，打造出令人难忘的非凡客户体验。

> 设计是个有趣的词。有些人认为设计指的是外观。但要是深究起来，设计指的是运作方式。
>
> **史蒂夫·乔布斯**

就算说到并做到这一切，但真正的艺术是要让精心设计的体验看不出是精心设计的。最高境界是让严谨的艺术性和完成的难度看起来毫不费力——意大利人把这项技艺叫作 sprezzatura，也就是故意的漫不经心。但是要做到这一点并不轻松。这需要高水平的设计、培训、练习和测量。优秀的零售商就要像钢琴大师那样貌似很轻松地弹出公认难弹的肖邦钢琴曲作品 66 号，让观众忘了这种境界需要数千个小时的练习才能达到。精彩的零售体验会像一幕话剧一样让人兴奋不已，话剧演员仔细剖析过他们的角色才能与之融为一体。

25

零售还活着

好了，我们兜了一圈又回到了原地。马克·安德森、媒体头条或是别人对你说的都不对，零售并没有死。绝对没有。它只是在蜕皮。随着数字化时代的到来，零售这个概念会一直在你眼前发生变化。

眼下这种单干的、孤立的、由系统驱动的电商运营模式会让位于未来逼真的、互联的数字体验，会跟现实没什么区别。日常购物这种苦差几乎全由传感器和人工智能组成的网络来为我们打理，让我们有更多的时间去门店尝试更加激动人心的体验。这样一来，现在这些古板、死寂的实体店会让位于未来充满活力的非凡购物空间：我们去那里学习、观察、触摸和玩乐，这是前所未有的。体验会成为未来最有价值的产品，这些体验会抓住我们的身心。这些体验深刻到让我们在很多时候愿意花钱去看！零售业的整个商业模式将会重写：供应商会变成客户，零售商会变成技术娴熟的体验式媒体机构，两者都会比前人成功，也赚得更多。

这就是零售的未来。太耀眼了，你要带上太阳镜。

我在描绘这样的未来时发现，具有开拓精神的企业和个人会成为积极参与零售业改造的工程师，绝不会成为零售业葬礼上的抬棺人。有些是在重塑实体店，有些是在锤炼数字电商方面的技巧和创意，还有一些是在努力将二者结合起来。说来有趣，很多人之前并没有零售经验。原来认为这是弱点，但现在看来这似乎是个巨大的市场优势。

> 我们都要死。我们的目标不是长生不老，而是要创造出永垂不朽的东西。
>
> **恰克·帕拉尼克（Chuck Palahniuk）**

创新者涌入，带来零售文化的大转变。有时零售会被认为是次要的职业，但零售好像正变成从斯坦福、剑桥和麻省理工等学校出来的精英选中的焦点。而且长久以来，现在是第一次说，对年轻、有创意、可能没有 MBA 或其他任何学历却有独创性、有眼界、有冲劲的企业家而言，零售是一条可行的道路。零售又变成聪明人想涉足的行业……

我为写这本书而与一些人进行了交流，不管他们有什么行业背景，所有人都为人性和商业上的这个历史转折点深深着迷。每个人都看到了不远的将来所蕴藏的无限潜能。每个人都在再造零售。

最后，我希望你能明白：未来，唯一能确定的是有人会彻底改变你在做的事情。你现在需要决定的是，这个人会不会是你。

Reengineering Retail: The Future of Selling in a Post-Digital World by Doug Stephens.

ISBN: 978-7-300-25401-2

北京阅想时代文化发展有限责任公司为中国人民大学出版社有限公司下属的商业新知事业部，致力于经管类优秀出版物（外版书为主）的策划及出版，主要涉及经济管理、金融、投资理财、心理学、成功励志、生活等出版领域，下设“阅想•商业”“阅想•财富”“阅想•新知”“阅想•心理”“阅想•生活”以及“阅想•人文”等多条产品线。致力于为国内商业人士提供涵盖先进、前沿的管理理念和思想的专业类图书和趋势类图书，同时也为满足商业人士的内心诉求，打造一系列提倡心理和生活健康的心理学图书和生活管理类图书。

《颠覆性医疗革命：未来科技与医疗的无缝对接》

- 一位医学未来主义者对未来医疗22大发展趋势的深刻剖析，深度探讨创新技术风暴下传统医疗体系的瓦解与重建。
- 硅谷奇点大学“指数级增长医学”教授吕西安•恩格乐作序力荐。
- 医生、护士以及医疗方向MBA必读。

《基因泰克：生物技术王国的匠心传奇》

- 生物技术产业开山鼻祖与领跑者——基因泰克官方唯一授权传记。
- 精彩再现基因泰克从默默无闻到走上巅峰的跌宕起伏的神奇历程。
- 本书有很多精彩的访谈节选，与故事叙述相辅相成，相得益彰。写作收放自如，既有深入的描写，又有独到的总结，生动地描写了高新技术企业创业时期的困惑与愉悦。

《未来生机：自然、科技与人类的模拟与共生 》

- 从 Google 到 Zoogle，关于自然、科技与人类“三体”博弈的超现实畅想和未来进化史。
- 中国科普作家协会科幻创作社群——未来事务管理局、北京科普作家协会副秘书长陈晓东、北师大教授、科幻作家吴岩倾情推荐。

《AI：人工智能的本质与未来》

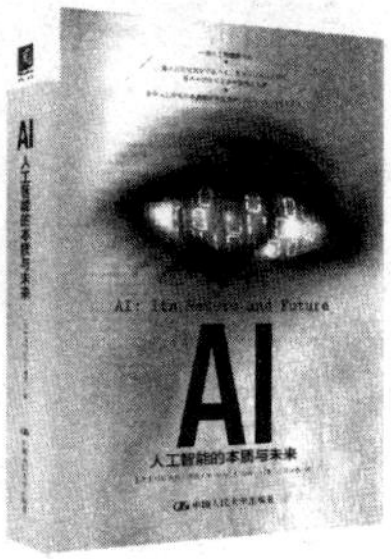

- 一部人工智能进化史。
- 集人工智能领域顶级大牛、思维与机器研究领域最杰出的哲学家多年研究之大成。
- 关于人工智能的本质和未来更清晰、简明、切合实际的论述。

《钢铁侠埃隆·马斯克：凭什么改变未来》

- 他是电影钢铁侠的灵感来源。
- 他被誉为最有可能超越乔布斯的梦想实践家。
- 他被奥巴马称为“美国最伟大的创新者”。
- 他是郭台铭、雷军等科技大佬最敬佩的年轻实业家。
- 他就是为改变未来而来的钢铁侠。

《好奇心：保持对未知世界永不停息的热情》

- 《纽约时报》《华尔街日报》《赫芬顿邮报》《科学美国人》等众多媒体联合推荐。
- 一部关于成就人类强大适应力的好奇心简史。
- 理清人类第四驱动力——好奇心的发展脉络，激发人类不断探索未知世界的热情。